suhrkamp taschenbuch
wissenschaft 2434

AF638440

Die feministischen Debatten der Gegenwart werfen ein hartes Licht auf die Kehrseite der Männerherrschaft: die Zustimmung der Frauen zu ihrer eigenen Unterwerfung. Diese wurde als philosophisches Tabu und blinder Fleck des Feminismus in der Komplexität der gelebten Existenz bislang nie im Detail analysiert.

Im direkten Dialog mit dem Denken Simone de Beauvoirs stellt sich Manon Garcia dieser Aufgabe und meistert sie mit philosophischer Bravour. Und sie macht deutlich, warum es wichtig ist, die Mechanismen der Selbstunterwerfung von Frauen zu verstehen. Denn dieses Verstehen ist die notwendige Voraussetzung für jede Emanzipation.

Manon Garcia, geboren 1985, ist nach Stationen in Harvard und Yale Professorin für Praktische Philosophie an der Freien Universität Berlin. In Frankreich zählt sie zu den einflussreichsten und meistgelesenen Philosophinnen ihrer Generation. Ihre Bücher sind in zahlreiche Sprachen übersetzt. Für *Das Gespräch der Geschlechter. Eine Philosophie der Zustimmung* erhielt sie 2022 den Prix des Rencontres philosophiques de Monaco. Zuletzt im Suhrkamp Verlag erschienen: *Das Gespräch der Geschlechter. Eine Philosophie der Zustimmung* (2023).

Manon Garcia
Wir werden nicht unterwürfig geboren

Wie das Patriarchat das Leben von Frauen bestimmt

Aus dem Französischen
von Andrea Hemminger

Suhrkamp

Titel der Originalausgabe: *On ne naît pas soumise, on le devient*
© Climats, un département des
éditions Flammarion, 2018

2. Auflage 2025

Erste Auflage 2024
suhrkamp taschenbuch wissenschaft 2434
© der deutschsprachigen Ausgabe
Suhrkamp Verlag GmbH, Berlin, 2021
Alle Rechte vorbehalten.
Wir behalten uns auch eine Nutzung des Werks
für Text und Data Mining im
Sinne von § 44b UrhG vor.
Umschlag nach Entwürfen
von Willy Fleckhaus und Rolf Staudt
Druck und Bindung: C.H. Beck, Nördlingen
Printed in Germany
ISBN 978-3-518-30034-3

Suhrkamp Verlag GmbH
Torstraße 44, 10119 Berlin
info@suhrkamp.de
www.suhrkamp.de

Für Esther, Eve und Salomé

Inhalt

Feministische Bücher sind in der Regel eine prospektive Erinnerung an eine Bewegung, die immer weitergehen muss; die Bücher von Mary Wollstonecraft und Simone de Beauvoir sind auch herausragende philosophische Werke und sollten als solche gelesen werden. Da man Frauenbücher in einer speziellen Rubrik führt (von Frauen, über Frauen, für Frauen), lässt sich die Hälfte der potentiellen Leser starke Lektüren entgehen.

Michèle Le Dœuff, *L'Étude et le Rouet*

Einleitung

Selbst die unabhängigsten und feministischsten Frauen ertappen sich dabei, dass sie den ihnen zugeworfenen eroberungslustigen Blick der Männer mögen, dass sie sich wünschen, in den Armen ihres Partners ein unterwürfiges Objekt zu sein, oder dass sie Arbeiten im Haushalt – die kleinen Freuden sorgfältig gefalteter Wäsche, eines schön angerichteten Frühstücks für die Familie – Tätigkeiten vorziehen, die mutmaßlich erfüllender sind. Sind diese Wünsche, diese Freuden mit ihrer Unabhängigkeit unvereinbar? Handelt es sich um einen Verrat an den Jahrhunderten des Feminismus, die ihnen vorausgingen? Kann man darauf warten, dass die Männer den »ersten Schritt« machen und die Gleichheit der Geschlechter fordern? Die Ambivalenz der Frauen in diesen Fragen springt im Alltagsleben oder wenn man eine sogenannte »Frauenzeitschrift« aufschlägt, ins Auge: Die Frauen werden dazu aufgerufen, frei zu sein, ihre eigene Karriere zu haben, sich von den Männern nicht entwürdigend behandeln zu lassen, und gleichzeitig sind diese Magazine voll von Ratschlägen und Normen, wie man am besten zu einem anziehenden Sexualobjekt, einer hilfsbereiten Ehefrau, einer perfekten Mutter wird.

Nach der Weinstein-Affäre haben sich diese Widersprüche in den Äußerungen über die Schauspielerinnen niedergeschlagen: Waren sie bloße Opfer? Verwandelten sie sich nicht selbst, zuweilen mit sichtlichem Vergnügen, in hinreißende Objekte der männlichen Begierde? Gingen sie nicht einfach »für den Erfolg ins Bett«? Die Blindheit für die Realitäten der männlichen Dominanz überlagerte sich zuweilen mit Tabus über die weibliche Unterwerfung, und das Medienrauschen ergriff oft Partei für diejenigen, die fanden, dass die Schweine zu schnell denunziert wurden und dass die Frauen sich gerne »belästigen« ließen.

Das vorliegende Buch soll diese scheinbaren Widersprüche mit Hilfe der Philosophie analysieren, und zwar insbesondere der Philosophie Simone de Beauvoirs. Wie jedes philosophische Buch will es keine fertigten Antworten geben, sondern die Komplexität der Welt und der gelebten Erfahrungen aufzeigen. Es geht nicht darum, ein für alle Mal zu entscheiden, ob die Frauen Opfer oder Widerständlerinnen sind, ob alle Männer schuldig sind oder nicht, ob es auf das Individuum oder auf die Gesellschaftsstruktur ankommt. Die Unterwerfung der Frauen unter die Männer zu studieren bedeutet im Gegenteil zu untersuchen, wie die Geschlechterhierarchien in der Gesellschaft die Erfahrungen von Frauen formen.

1
Ein philosophisches Tabu

Von Penelope, die geduldig ihr Tuch webt, während sie auf Odysseus wartet, bis zu Anastasia, die sich an Christian Greys Befehlen ergötzt, von Catherine M.'s *La Vie sexuelle* bis zu *Desperate Housewives*, von Annie Ernauxs *L'Occupation* bis zu den Schauspielerinnen, die für die Männer das »Recht, Frauen zu belästigen« fordern, inszenieren und ästhetisieren die Literatur, das Kino, die Fernsehserien, die Nachrichten allesamt eine frei gewählte, zuweilen sogar geforderte weibliche Unterwerfung als Quelle der Befriedigung oder Lust. Dennoch sagen die Philosophie und das feministische Denken über diese weibliche Unterwerfung nichts oder fast nichts. In Erwägung zu ziehen, dass Frauen ihre Unterwerfung in irgendeiner Form frei wählen oder genießen könnten, erscheint aus feministischer Sicht als eine Vorstellung der antifeministischen, um nicht zu sagen frauenfeindlichen Rechten, als eine Domäne, die jenen vorbehalten ist, die an eine weibliche Natur glauben, die alle weiblichen Personen zur definitiven Unterwerfung unter die Männer bestimme. Aus Sicht der Philosophen, insbesondere der klassischen politischen Philosophen, widerspricht die Unterwerfung dem Wesen des Menschen und stellt ein moralisches Versagen dar: Sich einem anderen unterzuordnen bedeutet, auf sein wertvollstes natürliches Recht zu verzichten, die Freiheit. Es scheint daher unmöglich, ein Phänomen zu denken oder auch nur zu benennen, dessen vielfältige Erscheinungsformen wir ständig sehen.

Die Untersuchung der weiblichen Unterwerfung stößt zunächst auf ein allgemeines philosophisches Problem: Die Analyse des Begriffs der Unterwerfung stützt sich stets auf die gemeinhin angenommene Vorstellung, dass es widernatürlich wäre, etwas anderes als seine Freiheit zu wollen. So schreibt Rousseau im *Gesellschaftsvertrag*: »Auf seine Freiheit verzichten, heißt auf sein Menschsein, auf die Menschenrechte, ja selbst auf seine Pflichten verzichten. Wer auf alles verzichtet, für den ist keine Entschädigung möglich. Ein solcher Verzicht ist mit der Natur des Menschen unvereinbar, und man entzieht, wenn man seinem Willen alle Freiheit nimmt, seinen Handlungen allen sittlichen Wert.«[1] Die Vorstellung, dass Menschen sich unterwerfen könnten, ohne dazu gezwungen zu sein, ist dermaßen tabu, dass in der Geschichte der westlichen Philosophie nur La Boétie und Freud das Rätsel der Unterwerfung wirklich ernst genommen haben, wenn auch auf unterschiedlichen Ebenen. La Boétie stellt in *Von der freiwilligen Knechtschaft* als Erster die Frage, warum sich eine Menge entscheidet, dem Tyrannen zu dienen, der sie beherrscht, obwohl dieser Tyrann nur deshalb Macht hat, weil sich die Menge ihm unterwirft. La Boétie schlägt eine Reihe von Erklärungen vor, kann diese Unterwerfung aber nur als moralisches Versagen von Einzelpersonen, als schuldhaftes Vergessen ihrer natürlichen Freiheit verstehen. Freud befasst sich in drei Texten, die die Grundlage der psychoanalytischen Konzeption des Masochismus bilden,[2] nicht mehr mit der Unterwerfung einer Masse unter einen Tyrannen, sondern mit dem Masochismus, das heißt mit der Lust am eigenen Leiden, sei es moralisch oder körperlich, die er als Gegenstück zum Sadismus begreift. Freud hat kein Problem, eine psychoanalytische Erklärung für den Sadismus vorzulegen, doch stößt seine Theorie auf etwas, was er als

»das Rätsel des Masochismus« bezeichnet, das er als Pathologie identifiziert, aber nicht vollständig zu lösen vermag. In der Geschichte der Philosophie wird die Unterwerfung mithin unterschlagen, mit moralischem Versagen identifiziert oder als Pathologie betrachtet. Die Philosophie übergeht die Tatsache, dass manche Menschen einer anderen Person gehorchen wollen und daran Freude haben könnten, mit Schweigen.

Wenn man sich insbesondere für die Unterwerfung der Frauen interessiert, wird das Problem noch komplexer. Historisch gesehen, wurde die Unterwerfung der Frauen, anders als die der Männer, nicht als widernatürlich begriffen. Ganz im Gegenteil wird der Frau die Unterwerfung als normales, moralisches und natürliches Verhalten verordnet.[3] Diese Wertschätzung der Unterwerfung geht mit der Vorstellung von einer grundlegenden und natürlichen Unterlegenheit der Frau gegenüber dem Mann einher: Weil die Frauen als unfähig erachtet werden, so frei zu sein wie die Männer, oder weil eine solche Freiheit als potentielle Gefahr angesehen wird, ist ihre Unterwerfung gut. Zu denken, dass Frauen sich freiwillig unterwerfen, ist in einem solchen Rahmen sexistisch. Es setzt einen Unterschied zwischen der Natur der Männer und der Natur der Frauen voraus, aufgrund dessen die Frauen den Männern unterlegen sein sollen. Diese Unterlegenheit ist sowohl Schwäche als auch Immoralität: Zum einen sind die Frauen den Männern unterworfen, weil sie von Natur aus schwächer sind als die Männer. Sie sind passiv unterwürfig. Zum anderen macht ihre Schwäche sie moralisch unterlegen: Die Frauen finden an der Unterwerfung Gefallen, die ihrer Natur vollkommen entspricht und die sie zuweilen sogar wählen, während die Unterwerfung bei den Männern, die wirklich freie Subjekte sind, ein moralisches Versagen ist.

Kurz, wir stecken in einer Sackgasse: Entweder wir sprechen über die weibliche Unterwerfung in ihrer Komplexität, ohne die Anziehungskraft zu übergehen, die diese Unterwerfung haben kann, und wir finden uns auf der Seite einer sexistischen Tradition wieder, die die Unterwerfung zum natürlichen Schicksal der Frau macht; oder wir postulieren die Gleichberechtigung der Geschlechter, wobei dann die Unterwerfung der Frau, wie die der Männer, ein moralisches Versagen oder eine Pathologie ist und nicht mehr in den Bereich der Philosophie fällt. Im letzteren Fall ist die einzig mögliche Erklärung für die Würdigung der weiblichen Unterwerfung in den Werken der Kultur, sie als einen Ausdruck der männlichen Dominanz bei den passiven Opfern zu sehen, die die Frauen sein sollen. Entweder man nimmt die Reize der Unterwerfung für Frauen ernst und nimmt die sexistische Position einer unveränderlichen weiblichen Natur ein, oder man lehnt die Vorstellung von der natürlichen Unterlegenheit der Frauen ab, womit dann die unterworfenen Frauen, die sich mit dieser Unterwerfung zufrieden geben, als passive Opfer oder Unterworfene erscheinen, die schuld sind, ihre Freiheit nicht zu lieben.

Aber wie ist zu erklären, dass einige dieser Werke von Frauen geschrieben wurden? Sollen wir daraus schließen, dass Catherine Millet, Annie Ernaux oder E.L. James sich so täuschen, dass man über die Erfahrungen, die sie ansprechen, nicht einmal nachdenken müsste?[4] Gegen die Alternative von sexistischer Naturalisierung oder Schweigen zur Unterwerfung müssen wir uns ohne Umschweife folgenden Fragen stellen: Partizipieren die Frauen in der einen oder anderen Weise an der männlichen Dominanz? Wenn ja, kann diese Partizipation als freiwillig angesehen werden, oder ist sie einfach das Ergebnis der Omnipräsenz männlicher Dominanz? Und, zweifellos polemischer formuliert, ist die Unterwerfung notwendig ein Übel? Könnte es nicht, *a minima*, eine Lust an der Unterwerfung geben?

Weibliche Unterwerfung und Feminismus

Weit davon entfernt, frauenfeindlich zu sein, kann eine solche Frage entschieden feministisch sein. Der Feminismus ist ein theoretisches Unternehmen und ein politisches Programm zur Verteidigung der Frauen, das darauf abzielt, eine gewisse Form von Gleichheit zwischen Männern und Frauen zu fördern – egal ob man diese Gleichheit in Form der Differenz oder in Form der Ähnlichkeit denkt. Die feministische Agenda umfasst mehrere Komponenten, und zwar auf den ersten Blick mindestens zwei: die Unterdrückung der Frauen als Frauen ans Licht zu bringen und gegen diese Unterdrückung zu kämpfen.

Die erste Komponente führt den Feminismus dazu, eine Gesellschaftskritik vorzunehmen, die zu zeigen versucht, dass die Ungleichheiten zwischen den Geschlechtern systematisch, weit verbreitet und historisch sind und somit ein strukturelles System patriarchaler Unterdrückung darstellen. So hat die Frauenbewegung historisch betrachtet daran gearbeitet, die von den Frauen erfahrene Unterdrückung im Rahmen der männlichen Dominanz zu beleuchten, indem sie auf der individuellen oder kollektiven Ebene die Ungerechtigkeiten, die die Frauen erlebt haben, aufgezeigt und den strukturellen oder allgemeinen Charakter der Unterdrückung, der sie ausgesetzt waren, zutage gebracht hat. Diese erste – theoretische – Komponente ist eine Voraussetzung für die zweite Komponente, den Kampf gegen diese Unterdrückung, da sie ihre Funktionsweise zu verstehen erlaubt. Sie zeigt zum Beispiel, dass die Herrschaft der Männer über die Frauen die Funktion und Wirkung hat, die Frauen auf die Stille zu reduzieren und ihre Erfahrungen systematisch zu entwerten, wie das, was als Arbeit der *care* bezeichnet wird, das heißt der Sorge für andere.

Diese erste Komponente erlaubt auch, die Herrschaftsmechanismen zu identifizieren, die es zu bekämpfen gilt, und trägt so zur Konstituierung der zweiten Komponente bei. Da zum Beispiel die Reduktion der Frauen auf die Stille als einer der Mechanismen männlicher Dominanz identifiziert wird, besteht eines der Elemente des feministischen Kampfes gegen die patriarchale Unterdrückung darin, dafür zu sorgen, dass die Stimmen der Frauen gehört und ernst genommen werden, im Gegensatz zum patriarchalen System, in dem die Männer *anstelle* der Frauen sprechen. Hier die Unterwerfung der Frauen zu untersuchen, ist insofern ein feministisches Unternehmen, als es darin besteht, den Frauen Gehör zu schenken und ihre Erfahrungen ernst zu nehmen und nicht von vornherein zu beschließen, dass sie Opfer, schuldig, passiv oder pervers sind.

Dennoch haben die Feministinnen das Thema der weiblichen Unterwerfung sorgfältig vermieden.[5] Die Erklärung hierfür liegt sicher in der Sorge, damit den Anschein zu erwecken, Wasser auf die Mühlen der Konservativen zu gießen, die in einem solchen Thema einen Beweis dafür sehen würden, dass die Feministinnen selbst an die unterwürfige und mütterliche Natur der Frauen glauben. Die Chauvinisten kommen immer schnell zu dem Schluss, dass die Frauen unterwürfig sind, weil sie »dies mögen«, und leugnen so die strukturellen Auswirkungen der männlichen Dominanz. Ein typisches Beispiel für dieses Phänomen findet sich in bestimmten Kommentaren zur häuslichen Gewalt, die davon ausgehen, dass die Frauen nicht sprechen, weil das, was sie erleben, zweifellos nicht so schrecklich ist. Nicht über die Unterwerfung zu sprechen und sich damit zu begnügen, die Herrschaft der Männer über die Frauen anzuprangern, erlaubt so, nicht Gefahr zu laufen, den Opfern die Schuld zu geben. Diese Vorsicht ist problematisch, weil sie einen wichtigen Teil des globalen und strukturellen Phänomens der männlichen Dominanz mit Schweigen übergeht, nämlich die Komplizenschaft, die sie hervorruft. Man kann und muss die weibliche Unterwerfung untersuchen, ohne deshalb davon auszugehen, dass es in dieser Unterwerfung etwas gibt, was typisch oder natürlich weiblich ist.

Um den fundamentalen Unterschied zwischen einer Untersuchung der Unterwerfung der Frau und der Hypothese des Ewigweiblichen, das heißt einer unterwürfigen weiblichen Natur, zu verstehen, können wir uns der Linguistik und Sprachphilosophie zuwenden. Tatsächlich muss man zwei Arten von Aussagen unterscheiden: die der Verfechter eines ewigweiblichen Wesens, die sagen, »die Frauen sind unterwürfig«, und die, die sagen, »Frauen sind unterwürfig« oder »Frauen entscheiden sich für die Unterwerfung«. Im ersten Fall werfen wir durch die Verwendung dessen, was die Linguisten als generischen Ausdruck bezeichnen (»die« Frauen, was *alle* Frauen oder zumindest die *normalen* Frauen beinhaltet), alle Frauen in einen Topf, den eines unterwürfigen Wesens, das ihnen durch die Tatsache, Frauen zu sein, gemeinsam sei. Im zweiten Fall werden keine Hypothesen über das Wesen oder die Norm der Weiblichkeit aufgestellt, sondern bestimmte Erfahrungen oder singuläre Lebensformen ernst genommen. Es wird nicht gesagt, dass eine solche Unterwerfung gut, schlecht, wünschenswert oder normal ist, es wird nur gesagt, dass einige Frauen, vielleicht viele, vielleicht auch nicht, in einer Situation der Unterwerfung leben. Während die erste Aussage eine normative Dimension hat, sind die beiden anderen rein deskriptiv. Die Unterwerfung von Frauen zu untersuchen, ist ein feministisches Unternehmen, weil es darin besteht, eine von Frauen erlebte Erfahrung zu beschreiben, ohne diese Erfahrung für das Frausein als absolut, natürlich und notwendig zu betrachten.

Dieses Unternehmen ist, kurz gesagt, feministisch, weil es die Sicht der Frauen selbst zum Ausgangspunkt der Analyse macht. Nach dem, was man nunmehr als Weinstein-Affäre bezeichnen kann, ist die Welt mehr oder weniger in zwei Lager geteilt: diejenigen, die glauben, dass die Gesellschaft durch die Dominanz der Männer über die Frauen strukturiert ist, und diejenigen, die glauben, dass diese Dominanz entweder nicht existiert oder im Grunde genommen nicht so gravierend ist. Feministische Arbeiten zeigen, dass diese Unterteilung problematisch ist, weil sie auf der Annahme beruht, dass allein die Sichtweise und Handlungen der Männer zählen. Auch wenn versucht wird, die Stellung der Frau in unserer Gesellschaft zu beschreiben und gegebenenfalls in Frage zu stellen, indem von »männlicher Dominanz« gesprochen wird, wird die von feministischen Epistemologinnen seit langem ans Licht gebrachte Gewohnheit aufrechterhalten, die Welt stets aus der Sicht der Männer zu betrachten, die als neutrale und objektive Sicht angesehen wird.[6] Es sind die Männer, die dominieren oder nicht dominieren, die vergewaltigen, verführen, antragen, genießen, betrügen.

Die Unterwerfung aus Sicht der Frauen

Man muss die Neutralisierung der männlichen Sichtweise und ihre systematische Übernahme auf der politischen und epistemischen Ebene, das heißt auf der Ebene der Wissensbildung, anfechten. Auf der politischen Ebene ist es unmöglich, irgendeine Art von Gleichberechtigung zwischen Männern und Frauen zu fördern, wenn man versucht, sie von einem männlichen Standpunkt aus aufzubauen, der die Erfahrung der Frauen nicht berücksichtigt. Feministische Philosophinnen haben zum Beispiel gezeigt, dass die klassische politische Philosophie auf der Unterscheidung zwischen einer öffentlichen, politischen Sphäre, die den Männern vorbehalten ist und in der die Individuen als voneinander unabhängig begriffen werden, und einer privaten Sphäre beruht, der der Familie, auf die die Frauen beschränkt sind und in der die Menschen durch Beziehungen der Zuneigung und Abhängigkeit miteinander verbunden sind.[7] Die klassische politische Philosophie verschleiert diese dennoch von ihr vorgenommene Unterscheidung und schließt so *a priori* die Frauen aus dem Bereich der Politik aus. Die Neutralisierung der männlichen Sichtweise in Frage zu stellen, erlaubt zu zeigen, wie die männliche Dominanz strukturiert ist und wie sie sich verstetigt.

Zu dieser politischen Dimension kommt eine epistemische Dimension hinzu: Die Hegemonie der männlichen Sicht in Frage zu stellen und die Welt aus der Sicht der Frauen zu studieren, ermöglicht uns ein vollständigeres Wissen über die Welt, in der wir leben. Die Marxisten waren die Ersten, die die Vorstellung vertraten, dass die Erkenntnisse standortgebunden sind und dass die soziale Stellung der Akteure ihnen Zugang zu einer bestimmten Sicht der Welt verschafft. Die Sicht der Herrschenden und die

Sicht der Beherrschten eröffnen so nicht die gleichen Erkenntnisse der Welt. Doch was passiert, wenn man die männliche Dominanz und die Frage der Gleichberechtigung der Geschlechter untersucht? Das Fortbestehen der Ungleichheiten zwischen Männern und Frauen in den westlichen Gesellschaften, in denen die Frauen im Allgemeinen die gleichen Rechte haben wie die Männer, scheint unverständlich. Wenn die Frauen die gleichen Rechte haben wie die Männer, Zugang zu Bildung, Berufstätigkeit und politischen Ämtern haben und sich dort dennoch in einer Position der Inferiorität befinden, ist es dann nicht einfach so, dass sie weniger gut sind als die Männer oder lieber »zu Hause bleiben«? Wenn man die Sicht der Männer einnimmt, besteht die beste Antwort auf das Rätsel der Fortdauer der männlichen Dominanz darin, zu sagen, dass die Frauen heute Akteure wie alle anderen sind, und wenn sie sich in einer Position der Unterlegenheit befinden, dies wahrscheinlich auf eine geringerwertige oder andere Natur zurückzuführen ist. Was sieht man, wenn man sich mit der männlichen Dominanz aus Sicht der Frauen befasst? Die Tatsache, dass angesichts des patriarchalen Gesellschaftssystems die Unterwerfung unter dieses System manchmal die beste Option ist.

Das soll nicht heißen, dass *alle* Frauen den Männern unterworfen sind, noch, dass die Frauen ein anderes Wesen haben, das sie zur Unterwerfung bestimmt. Nein, es handelt sich lediglich um eine Feststellung: Die männliche Dominanz aus der Sicht der Frauen zu betrachten, aus der Sicht dessen, was diese Dominanz mit ihnen macht, bedeutet sehr oft, die Unterwerfung der Frauen in ihrer ganzen Komplexität zu sehen, in dem, was sie an Verführerischem und Entfremdendem haben kann. Die Unterwerfung der Frauen aus der Sicht der Frauen zu untersuchen bedeutet nicht, zu sagen, dass alleine die Frauen eine Verantwortung für den Fortbestand der männlichen Dominanz hätten, sondern bedeutet im Gegenteil, zu zeigen, was die männliche Dominanz mit den Frauen macht, wie sie von den Frauen erlebt wird und wie sie ihre Entscheidungen und Wünsche in einer Weise konfiguriert, die die klassische Philosophie in ihrem methodologischen Sexismus nicht erfassen kann.

Die Frage der Perspektive

Um die Unterwerfung untersuchen zu können, muss man zunächst wissen, worum es sich genau handelt. Von Unterwerfung und nicht von Herrschaft zu sprechen, bedeutet zunächst, sich dafür zu entscheiden, den Blick auf die Macht umzudrehen. Auch wenn es an Studien über Herrschaft nicht mangelt, insbesondere im Kontext der politischen Philosophie, gibt es doch nur sehr wenige, die die Unterwerfung aus Sicht des Unterworfenen betrachten und nicht aus Sicht desjenigen, der unterwirft. Man scheint sich einig, dass es nicht notwendig ist, die Unterwerfung als solche zu untersuchen, und dass man mit dem Verstehen der Herrschaft, wie durch einen Spiegeleffekt, auch die Unterwerfung versteht. Vor dem Hintergrund dieser Tradition beruht die Originalität von La Boéties *Von der freiwilligen Knechtschaft* auf der Untersuchung der Macht von unten (als dem *sub* von *submissio*), aus der Perspektive der Untertanen des Tyrannen, um zu verstehen, was genau ihre Unterwerfung unter den Tyrannen ist. Dennoch denkt er das, was er als freiwillige Knechtschaft bezeichnet, nur innerhalb der Beziehung des Bürgers zum Tyrannen oder König, das heißt in einem streng politischen Rahmen, während die Unterwerfung der Frauen eine interindividuelle Unterwerfung ist.

In einem interindividuellen Kontext denselben Blick von unten einzunehmen wie La Boétie macht es notwendig, mit einer deskriptiven und begrifflichen Arbeit an dem zu beginnen, was die Unterwerfung ist. Auf den ersten Blick betrifft die Unterwerfung immer die anderen. Ein paradigmatisches Beispiel für die Unterwerfung ist die verschleierte muslimische Frau, die in den ärmeren Stadtvierteln lebt – genau gegen dieses Bild richtet sich die Namensgebung des Vereins *Ni putes ni soumises* (Weder Huren noch unterwürfig). Diese muslimische Frau wird zum Ausdruck des absolut unterwürfigen Anderen aufgebaut, mit dem man sich nicht identifizieren kann.[8] Schaut man genauer hin, kann man in Wirklichkeit bei einer ganzen Reihe von Alltagserfahrungen eine Ähnlichkeit erkennen. Sie zeigen, dass die Unterwerfung keine unmoralische Haltung der anderen ist, von Menschen, die keinen Sinn für die Freiheit hätten. Bedenkt man, dass man bei der Arbeit lieber einem Chef unterstellt ist, als selbstständig zu sein – auch wenn man aufgrund dieser Tatsache jemandem gehorchen muss –, dass man mehr tut, als der Chef verlangt, selbst wenn dies für einen selbst negative Folgen hätte (dies bezieht sich auf alle Fälle von Diensteifer bei der Arbeit – länger als erforderlich am Arbeitsplatz zu bleiben, am Wochenende zu arbeiten, wenn man nicht dazu gezwungen ist etc.), dass man gegenüber jemandem eine Unterlegenheit anerkennt, die es rechtfertigt, ihm zu gehorchen, dass man jemand anderem dienen will, ohne dafür im Gegenzug etwas zu erwarten (zum Beispiel die ungleiche Verteilung der Hausarbeit), dann erscheint uns die Unterwerfung nicht länger außergewöhnlich. Vor allem bei den Frauen wird die unterwürfige Frau immer noch als eine Gestalt dargestellt, die statistisch in der Minderheit ist – die verschleierte Frau, die Hausfrau, die von einem mittellosen und alkoholabhängigen Ehemann geschlagene Frau. In Wirklichkeit ist die Unterwerfung jedoch eine Erfahrung, die sehr viel allgemeiner und alltäglicher ist: Zu hungern, um in Größe 36 zu passen, hat etwas von Unterwerfung, das Verhalten der Ehefrauen von Akademikern oder Schriftstellern, die an der Recherche beteiligt sind, aber nicht als Koautorinnen betrachtet werden, hat etwas von Unterwerfung, die gesamte mentale Last des Haushalts zu übernehmen, hat etwas von Unterwerfung. Wenn die Unterwerfung keine ungewöhnliche und minoritäre Haltung ist, sondern eine alltägliche und gemeinsame Erfahrung, muss man sich darum bemühen, genau zu verstehen, worin sie besteht und worin sie sich von der Beherrschung unterscheidet, mit der sie beinahe systematisch assoziiert wird.

Welche Frauen?

Dieses Buch möchte die Unterwerfung der Frauen innerhalb der interindividuellen Beziehungen zwischen Männern und Frauen in westlichen Gesellschaften untersuchen. Diese Eingrenzung des Problems mag auf den ersten Blick heteronormativ und hegemonial erscheinen; ich glaube aber nicht, dass dies der Fall ist.

Einer der Gründe, aus denen mir die weibliche Unterwerfung als ein interessanter Ort der Analyse erscheint, ist das Gefühl, dass sich hier eine mit der männlichen Dominanz verbundene strukturelle Dimension und eine individuelle Dimension verknüpfen, da die Frauen rechtlich und sozial genügend Handlungsspielraum haben, um ihre Handlungen als Ergebnis von Entscheidungen zu sehen. Bei nicht heterosexuellen Beziehungen ist denkbar, dass die strukturelle Dimension der Unterwerfung zwar nicht fehlt, aber zumindest sehr viel schwächer ist als bei den Mann-Frau-Beziehungen: Die wenigen Arbeiten zur häuslichen Arbeitsteilung bei lesbischen Paaren gehen in diese Richtung, indem sie zeigen, dass die Strukturen der ungleichen Verteilung der Arbeit innerhalb des Paares, die bei Heterosexuellen untersucht wurden, fast fehlen.[9] Sich auf heterosexuelle Beziehungen zu konzentrieren, bedeutet also nicht, diese als Norm zu betrachten, sondern vielmehr, darin den Paradeort der Unterdrückung der Frauen durch die Männer zu sehen.

Die Begrenzung unserer Analyse auf westliche Gesellschaften ist in zweierlei Hinsicht gerechtfertigt: Zum einen scheint ihre Unterwerfung umso problematischer, wenn nicht gar widersprüchlicher zu sein, je größer die Wahlfreiheit ist, über die die Frauen verfügen. Sich auf Gesellschaften zu stützen, in denen die Frauen zumindest formal den Männern gleichgestellt sind, erlaubt daher, das Problem in seiner ganzen Komplexität aufzurollen. Zum anderen geistern, wie die Philosophin Uma Narayan hervorhebt, in den Analysen der Autonomie von Frauen nichtwestlicher Welten oft zwei Phantombilder herum, das der »Gefangenen des Patriarchats«, das heißt der Frau, der die patriarchale Unterdrückung gewaltsam aufgezwungen wird, ohne dass sie den mindesten Freiraum hätte – der Frau, die gewaltsam verschleiert, gewaltsam verheiratet, gewaltsam eingesperrt wird; und das der »Betrogenen des Patriarchats«, die sich vollständig den patriarchalen Normen unterwirft, ohne die Unterdrückung zu sehen, die diese Normen begründen und fortbestehen lassen und die die westlichen

Frauen sehr wohl sehen würden.[10] Um sich vor diesen beiden kulturalistischen Vorstellungen zu hüten, scheint es sicherer, die Analyse auf westliche Gesellschaften zu beschränken, und hier insbesondere auf Frankreich und die Vereinigten Staaten (die beiden Länder, in denen ich lebe).

Herrschaft und Unterwerfung

Im allgemeinen Sprachgebrauch hat der Begriff der Unterwerfung drei Bedeutungen: Die erste bezieht sich auf die Bereitschaft, zu gehorchen, die zweite auf die Tatsache, sich zu unterwerfen und zu gehorchen, und die dritte auf die Kapitulation nach einem Kampf. Vor allem aufgrund der dritten Bedeutung ist die Unterwerfung negativ konnotiert und erscheint als ein Akt des Streckens der Waffen, im wörtlichen oder übertragenen Sinne. Die jüngsten Debatten über den Sadomasochismus haben dazu geführt, der Unterwerfung eine sexuelle Konnotation zuzuschreiben und sexuelle Unterwerfung und sexuelle Dominanz eng miteinander zu verknüpfen. Die negative Konnotation der Unterwerfung ist in diesem Bereich geringer, bleibt aber erhalten.

Die erste Schwierigkeit bei der Unterscheidung zwischen Unterwerfung und Beherrschung liegt in der sprachlichen Zweideutigkeit des Begriffs »Unterwerfung«. Während das Verb »beherrschen« grundsätzlich transitiv gebraucht wird,[11] wird das Verb »unterwerfen« im Französischen transitiv (*soumettre quelqu'un*) und pronominal (*se soumettre*) gebraucht.[12] In seinem transitiven Gebrauch gleicht unterwerfen, ohne dass es sich um eine absolute Äquivalenz handeln würde, beherrschen: Es geht um eine Handlung, die aus der Perspektive desjenigen verstanden wird, der sie ausführt, und die darin besteht, Macht über eine oder mehrere Personen auszuüben und damit ihre Handlungsmöglichkeiten zu modifizieren. Eine der zentralen Bedeutungen dieses Begriffs findet sich im Kriegsvokabular: einen Feind zu unterwerfen bedeutet, dass es gelungen ist, ihn hinreichend zu beherrschen, so dass ihm keine andere Wahl bleibt, als seine Waffen abzugeben und sich in den Dienst – und damit *unter* die Befehle – des Siegers zu stellen. In diesem Fall bedeutet unterwerfen völlig zu beherrschen, und zwar mit Gewalt. Während man jemanden durch sein Wissen, sein Charisma, seine natürliche Autorität beherrschen kann,[13] unterwirft man jemanden nur mit Gewalt und Zwang. Den Unterwerfungsakt als einen besonderen und besonders heftigen Fall des Beherrschungsakts zu verstehen, trägt der scheinbaren Äquivalenz von »beherrscht« und »unterworfen« Rechnung.

Dennoch ist es nicht dasselbe, wenn man zum Beispiel sagt, dass die Arbeiterklasse beherrscht wird oder dass sie unterwürfig ist. Zu sagen, dass die Arbeiter beherrscht werden, bedeutet zur Kenntnis zu nehmen, dass über sie eine Macht ausgeübt wird, die ihr Handlungsfeld beschränkt oder zumindest modifiziert. Zu sagen, dass sie unterwürfig sind, fügt eine negative Konnotation hinzu, weil man so ihre Abhängigkeit und ihren Gehorsam gegenüber der über sie ausgeübten Macht betont. Wenn gesagt wird, dass die Arbeiter beherrscht werden, werden sie als eine unpersönliche Masse wahrgenommen, über die eine willkürliche Macht ausgeübt wird, wenn man sie jedoch unterwürfig nennt, werden sie in gewisser Weise repersonalisiert, indem man ihr Verhalten gegenüber der Herrschaft betont, der sie ausgesetzt sind: Ihre Situation erscheint als freiwillig. Wenn wir hier von »Unterwerfung« sprechen, versuchen wir, die Handlung oder Situation desjenigen zu beschreiben, der *sich* unterwirft, der sich also auf die eine oder andere Weise für eine Unterwerfung entscheidet, die die seine ist. Um jede Zweideutigkeit zu vermeiden, wird der Begriff im weiteren Text einzig folgendermaßen verwendet: Die Unterwerfung ist die Handlung oder Situation des- oder derjenigen, der oder die *sich* unterwirft.

Diese Handlung des Sich-Unterwerfens erscheint jedoch sofort paradox, da es sich um eine Aktivität in der Passivität handelt: Das Subjekt entscheidet sich – unabhängig vom Grad der Rationalität oder Komplexität dieser Entscheidung –, nicht mehr derjenige zu sein, der entscheidet. Natürlich kann man sich in Ermangelung einer anderen Wahlmöglichkeit entscheiden, sich zu unterwerfen, doch handelt es sich auf jeden Fall um eine Entscheidung, zumindest um eine Entscheidung, nicht gegen die Macht vorzugehen, die über einen ausgeübt wird. Daher kann man bei der Unterwerfung zwei mögliche Arten von Willen unterscheiden: einen aktiven Willen, der der positive Wille wäre, unterworfen zu werden, und einen passiven Willen, der die Resignation oder der fehlende Widerstand gegenüber der ausgeübten Macht wäre. In jedem Fall spricht man von Unterwerfung aber nur dann, wenn es keinen aktiven Widerstand gegen die ausgeübte Macht gibt, wenn es also einen Willen des Akteurs gibt, der darin zum Ausdruck kommt. Die Unterwerfung ist daher *a minima* das Ergebnis des Willens, sich nicht aktiv der Herrschaft zu widersetzen.

Um die Zusammenhänge zwischen Unterwerfung und Herrschaft genau zu verstehen, ist es wichtig zu sehen, dass der Begriff »Herrschaft« mehrdeutig ist. Wenn man von Herrschaft spricht, kann man sich entweder auf eine *Relation* beziehen – männliche Herrschaft ist zum Beispiel die gebräuchliche Bezeichnung für die Beziehung zwischen der sozialen Gruppe der Männer und der sozialen Gruppe der Frauen in der Gesellschaft – oder auf eine *Aktion* – diese männliche Herrschaft erfolgt durch Herrschaftshandlungen, wovon eine der Extremformen die häusliche Gewalt ist. Ein Herrschaftsverhältnis ist eine vertikale, hierarchische, asymmetrische Beziehung zwischen mindestens zwei Akteuren, bei der ein Akteur, derjenige, der herrscht, die Möglichkeit hat, die Handlungen eines anderen Akteurs, desjenigen, der beherrscht wird, entscheidend zu beeinflussen. Sobald dieser Unterschied klar ist, wird deutlich, was die Unterwerfung ist: In einer Herrschaftsbeziehung (Herrschaft 1) zwischen einem Akteur A und einem Akteur B kann es eine Herrschaftshandlung (Herrschaft 2) von A über B und eine Unterwerfungshandlung von B unter A geben.

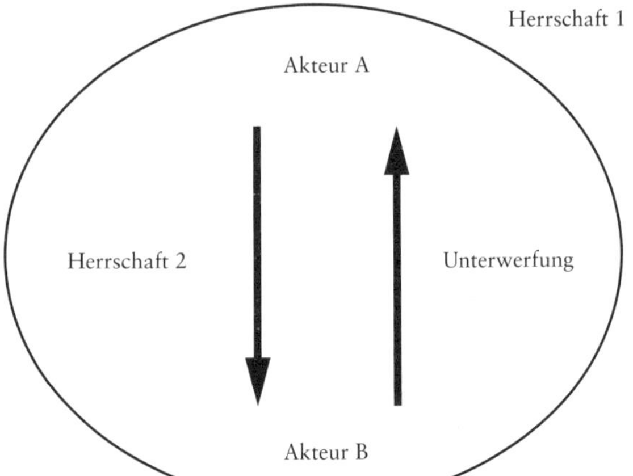

Es gibt Beziehungen, bei denen es keine Unterwerfung gibt. Das ist bei der Herrschaft per Gewalt der Fall in einer Situation der totalen Ungleichheit der Gewalt – und daher dort, wo die Herrschaft im Sinne von 1 allein auf der Herrschaft im Sinne von 2 beruht. In diesem Fall gibt es keine Unterwerfung, insofern es seitens desjenigen, der gehorcht, keinen wirklichen Willen zu gehorchen gibt, da die Alternative Gehorsam oder Tod lautet. Eine Herrschaft ohne Unterwerfung ist eine Herrschaft, die auf Gewalt beruht und daher ihrem Wesen nach instabil ist, da sie keine Existenzgrundlage mehr hat, wenn die Gewalt nachlässt. Man kann sich auch eine Situation vorstellen, in der es keine Herrschaft im Sinne von 2 gäbe und wo die Herrschaft im Sinne von 1 allein auf der Unterwerfung beruhen würde, was man üblicherweise als freiwillige Unterwerfung bezeichnet. Ein mögliches Beispiel für diese Art von Unterwerfung ist die des Masochisten, der die Frau sucht, die sein Herr sein möchte, wie beispielsweise in den Texten von Sacher-Masoch. Häufig bestehen Herrschaftsverhältnisse jedoch aus einer Mischung von Herrschafts- und Unterwerfungshandlungen.

Mit Beauvoir

Dieses Herrschaftsschema erlaubt uns, unser Thema besser einzugrenzen: Die Untersuchung der Unterwerfung der Frauen besteht darin, das Handeln oder die Situation von Frauen zu untersuchen, die Teil einer Herrschaftsbeziehung sind, der sie sich nicht widersetzen. Das bedeutet, die Herrschaft der Männer nicht mehr aus der Sicht der Herrschenden zu betrachten, sondern aus der Sicht derer, die *sich* unterwerfen. Anstatt die Unterordnung der Frauen von außen und objektiv zu beschreiben, geht es darum, sich zu fragen, wie es ist, eine Frau unter der Herrschaft der Männer zu sein, und somit darum, eine subjektive Erfahrung der Herrschaft von unten zu beschreiben. Man darf dabei notwendig weder von der Vorstellung ausgehen, dass diese Unterwerfung für die Frauen natürlich wäre, noch davon, dass sie ihrer Natur widerspricht, dass sie unmoralisch oder ein Zeichen für ein aus dem Patriarchat resultierendes falsches, unterdrücktes Bewusstsein wäre. Der Anspruch dieser Arbeit lautet vielmehr, sich ohne *Apriori* zu fragen, was diese Unterwerfung ist, deren Erfahrung die Frauen machen, wie sie sich manifestiert, wie sie erlebt wird, wie sie sich erklärt.

Um dies tun zu können, hält sich die Argumentation dieses Buches eng an die Lektüre von Simone de Beauvoirs *Das andere Geschlecht.*[14] *Das andere Geschlecht* ist vermutlich der philosophische Text, der im 20. Jahrhundert – vielleicht sogar in der Geschichte der Philosophie – am meisten gelesen und verkauft wurde.[15] Dennoch war seine Rezeption ambivalent: Seine philosophische Bedeutung wurde erst erkannt, als feministische Theoretikerinnen begannen, sich von ihm zu distanzieren und ihn als überholt zu betrachten. Das Ergebnis ist, dass die Relevanz von Beauvoirs Analysen für das Verständnis der gegenwärtigen Unterdrückung von Frauen in den letzten Jahren nicht genügend Beachtung gefunden hat.[16] Das vorliegende Buch will zeigen, dass die Unterwerfung von Frauen sowohl für den Feminismus als auch für die Philosophie ein wichtiges Thema ist und dass Beauvoirs Denken höchst originelle, bedeutende und sachdienliche Wege aufzeigt, um sie zu verstehen. Hierfür entfaltet dieses Buch eine detaillierte philosophische Analyse des *Zweiten Geschlechts* und zeigt: 1. dass Beauvoirs Begriff der Geschlechterdifferenz ihr ermöglicht, die Verbindung zwischen Weiblichkeit und Unterwerfung herauszustellen und zu historisieren; 2. dass sie dank ihrer originellen Aneignung der phänomenologischen Methode die erste detaillierte Beschreibung dessen liefert, was Unterwerfung ist; 3. dass ihre Theorie der Unterdrückung in Form der Alterität zeigt, dass die Unterwerfung für die Frauen ein soziales Schicksal darstellt, und zwar in einem solchen Grad, dass sie sogar Freude daran haben können; 4. dass sie eine Philosophie des Körpers begründet, die zeigt, dass das Patriarchat die Körper der Frauen den Männern gehören lässt, bevor sie den Frauen selbst gehören; 5. dass ihre Theorie der Freiheit sowohl erklärt, warum Frauen sich den Männern unterwerfen, als auch wie sie sich emanzipieren könnten.

Dieses Buch ist nicht in erster Linie ein Buch über die Philosophie Beauvoirs, doch vertritt es die Auffassung, dass sich die Unterwerfung der Frau am besten *mit dem Denken Beauvoirs* verstehen lässt. Dennoch können die Tiefe und Bedeutung von Beauvoirs Beiträgen – wie in der Philosophie überhaupt – nicht vollständig erfasst werden, wenn man sie von ihrem intellektuellen Kontext löst. Daher führt uns die Argumentation des Buches zuweilen dazu, andere Philosophen zu diskutieren, mit denen Beauvoir im Gespräch war, aber nur insoweit dies für unsere Untersuchung der Unterwerfung hilfreich ist. Indem dieses Buch die in *Das andere Geschlecht* entfalteten philosophischen Analysen heranzieht, um die Unterwerfung der Frau zu verstehen, will es so auch einen Beitrag zur philosophischen Forschung über Beauvoir leisten und (entgegen der Ansicht einiger zeitgenössischer feministischer Theoretikerinnen) die Auffassung vertreten, dass ihre Analysen weit davon entfernt sind, veraltet zu sein, und dass ihre Philosophie uns erlaubt, über die Welt, in der wir leben, klarer nachzudenken und sie gastlicher zu machen.[17]

2
Weibliche Unterwerfung, eine Tautologie?

Wer die Unterwerfung der Frauen denken möchte, muss sich zunächst mit folgendem Problem auseinandersetzen: Da die Vorstellung, dass ihre Unterwerfung natürlich sei, den Frauen eindeutig schadet, ist man versucht, bei der Unterwerfung wegzusehen, zu sagen, dass es so etwas wie eine weibliche Unterwerfung nicht gibt, dass es sich nur um eines der vielen sexistischen Vorurteile handelt. Doch der Sprachgebrauch, die klassische wie die populäre Kultur und die medialen Darstellungen lassen vermuten, dass es in der Unterwerfung etwas Weibliches gibt oder in der Weiblichkeit etwas Unterwürfiges. Der unterwürfige Mann wird oft wegen seines Mangels an Männlichkeit verspottet; die klassischen Modelle der Weiblichkeit sind Modelle der Unterwerfung unter die Männer. Was ist davon zu halten?

Sind Frauen Masochistinnen?

Wenn von Unterwerfung die Rede ist, kommen einem gewöhnlich folgende Figuren in den Sinn: die unterwürfige Frau, der Sklave, der besiegte Krieger. Beim Sklaven – der quasi immer als *ein* Sklave gesehen wird – wie auch beim besiegten Krieger ist die Unterwerfung das Ergebnis eines physischen Zwangs, gegen den sie nichts ausrichten können. Sie tragen für die Unterwerfung keine Verantwortung, abgesehen davon, dass der Krieger nicht stark genug gewesen ist, um seine Unterwerfung zu verhindern. Bei der Figur der unterwürfigen Frau erscheint die Unterwerfung hingegen als gewählt, so dass die Frau dafür verantwortlich ist. Die Unterwerfung ist hier eine Form von billigender Passivität, die entweder die Haltung ist, die von einer respektablen Frau erwartet wird – man denke an die auf Odysseus wartende Penelope –, oder eine entwürdigende Form von Weiblichkeit – gegen die zum Beispiel die Aktivistinnen von *Ni putes ni soumises* Stellung bezogen. Wenn man die Unterwerfung als ein *moralisches* Problem betrachtet, weil sie einen freiwilligen und unmoralischen Verzicht auf die eigene Freiheit beinhaltet, fällt einem als typisches Beispiel eine Frau ein.

Die Unterwerfung als etwas typisch Weibliches zu begreifen, findet sich in der alltäglichen Vorstellung wieder, dass die Frauen von Natur aus Masochistinnen sind und dass dieser Masochismus sowohl die häusliche und eheliche Gewalt als auch die Ungleichheiten auf dem Arbeitsmarkt erklärt. Dass diese Vorstellung falsch ist, wurde immer wieder bewiesen,[1] doch ist sie so weitverbreitet, dass es interessant ist, sich ihre Wurzeln in Sigmund Freuds Theorie des Masochismus anzusehen. Das Problem, das der Masochismus für die Psychoanalyse aufwirft, ist der scheinbare Widerspruch, den eine aus erlittenem Schmerz gewonnene Lust darstellt, insbesondere im sexuellen Bereich. Dies ist nicht nur ein psychologisches Problem – ist es eine Form von Perversion oder Wahnsinn, am Schmerz Lust zu empfinden? –, sondern auch ein logisches. In der Tat werden Lust und Schmerz im Verhältnis zueinander definiert, sie sind Gegensätze, und als solche erscheint der Masochismus als eine Infragestellung des Prinzips der

Nicht-Widersprüchlichkeit. Wenn es Lust gibt, dann sollte es keinen Schmerz geben und *vice versa*. Auch wenn die Lust am Schmerz theoretisch undenkbar ist, stellen Ärzte und Psychiater auf der praktischen Ebene fest, dass einige ihrer Patienten am Schmerz Lust empfinden, und schreiben dies, insbesondere wegen des darin zum Ausdruck kommenden logischen Widerspruchs, einer Form von Perversion zu. Da Freud mit diesem Problem konfrontiert war, schrieb er zwischen 1905 und 1924 drei Texte, die die Grundlage des psychoanalytischen Konzepts des Masochismus bilden:[2] »Die sexuellen Abirrungen« (1905), »Ein Kind wird geschlagen« (1919) und »Das ökonomische Problem des Masochismus« (1924).

Der Masochismus ist gemäß Freud eine Abweichung, eine sekundäre Form, des Sadismus. Wenn man, wie er, die Libido als eine Form des Selbsterhaltungsinstinkts betrachtet, kann die masochistische Neigung in ihrer Destruktivität tatsächlich keinen Sinn machen, da der Masochismus sich genau gegen den Selbsterhaltungsinstinkt zu richten scheint. Um diesen Widerspruch aufzulösen, stellt Freud die Hypothese auf, dass es zwischen dem Sadismus, verstanden als sexueller Wunsch, Schmerz zuzufügen, und dem Masochismus einen chronologischen Zusammenhang gibt. Freud definiert den Masochismus als Gegenstück des Sadismus, erklärt ihn aber als eine abgestufte und sekundare Form davon. In Phantasien wie der, die er in »Ein Kind wird geschlagen« untersucht, tritt der Masochismus in Verbindung mit dem Schuldbewusstsein auf: Das Kind hat ein inzestuöses und sadistisches Begehren, das aufgrund des Schuldbewusstseins, das es gegenüber diesem Phantasma empfindet, in Masochismus umschlägt.[3] Darin liegt die Besonderheit des Masochismus: Er entsteht aus dem Schuldbewusstsein. Die Lust wird in den Schmerz und die Erniedrigung verlagert. Der Masochismus wird nicht mehr als eine passive Abirrung verstanden, sondern als die Umwendung des verdrängten sadistischen Triebs gegen sich selbst (in dem Fall, den er untersucht, will das Kind, dass das andere Kind vom Vater geschlagen wird, weil dies ein Beweis dafür wäre, dass der Vater das andere Kind nicht liebt).

Die inzestuöse Dimension der masochistischen Umkehrung führt Freud zu der Hypothese vom Geschlechtsunterschied im Masochismus: Es gebe einen *weiblichen* Charakter des Masochismus. Freud fragt sich, welchen Einfluss das Geschlecht der Patienten auf die Entfaltung dieser Phantasie hat, und stellt fest, dass der Masochismus der Männer »einer femininen Einstellung [entspricht]«,[4] das heißt, dass der Masochismus nur eine Ausdrucksform unter anderen der – femininen – Passivität dieser Männer ist. Insofern sich die Phantasie der Männer und die Phantasie der Frauen nicht genau entsprechen, kommt er zu dem Schluss, dass sich »in beiden Fällen die Schlagephantasie von der inzestuösen Bindung an den Vater ableitet«, das heißt, dass der Masochismus bei den Frauen eine normale Folge des Ödipuskomplexes ist, während er bei den Männern eine »verkehrte Ödipuseinstellung« ist, da er den Vater betrifft. Bei den Frauen ist der Masochismus normal, bei den Männern ist er pervers.

Die Idee von einem femininen, mit Passivität identifizierten Charakter des Masochismus entfaltet Freud in »Das ökonomische Problem des Masochismus«. Hier schlägt er eine Typologie der Masochismen vor: Man muss drei Formen des Masochismus unterschieden, »einen *erogenen*, *femininen* und *moralischen* Masochismus«.[5] Der erogene Masochismus, der der primäre Masochismus ist, ist die dem erlittenen Schmerz entnommene Lust; er ist im wesentlichen sexueller Natur. Obgleich dieser Masochismus als die Urform dargestellt wird, von der sich die beiden anderen ableiten, bietet Freud keine Erklärung für ihn.[6] Der feminine Masochismus ist für Freud nicht der Masochismus der Frauen – er wird nur in seinem Vorkommen bei perversen *Männern* betrachtet. Er entspricht der Lust an der Passivität, das heißt an einer passiven psychischen und sexuellen Position. Bei Freud wird das Paar Aktivität/Passivität als ein Grundgegensatz begriffen, der im Zentrum der Geschlechterdifferenz steht und die Definition von Maskulinität (als Aktivität) und Femininität (als Passivität) mitbestimmt; folglich wird der Wunsch nach Passivität als ein feminines Begehren identifiziert. Nach Freud ist dies der am einfachsten zu beobachtende Masochismus, weshalb er als erster analysiert wird. Er beruht auf dem primären Masochismus und drückt ein Schuldgefühl aus.

Der moralische Masochismus ist die große Neuerung der Freud'schen Konzeption. Er besteht darin, Haltungen der Selbstgeißelung als masochistisch zu identifizieren. Der moralische Masochismus kommt in einem übersteigerten Schuldgefühl zum Ausdruck. Die beiden Hauptunterschiede zwischen dem moralischen Masochismus und den anderen Formen des Masochismus sind zum einen, dass der moralische Masochismus keine sexuelle Dimension hat – er hat »seine Beziehung zu dem, was wir als Sexualität erkennen, gelockert«[7] –, und zum anderen, dass die Identität desjenigen, der den Schmerz zufügt, nicht mehr wichtig ist, da das gesuchte Objekt der Schmerz selbst ist.

Freuds Analyse des Masochismus zeigt den Zusammenhang zwischen Unterwerfung und Femininität: Der feminine Masochismus, den Freud ausmacht, wird nicht als Perversion der Frauen, sondern als Perversion der *Männer* betrachtet. Somit ist der Masochismus bei weiblichen Subjekten normal, ihre Femininität sei von Natur aus masochistisch, weil sie passiv ist und auf einem Schuldgefühl beruht. Wenn der Masochismus ein Problem ist, dann nur bei den Männern, deren aktiver Natur er widerspricht. Diese Identifizierung von Aktivität und Beherrschung mit Virilität und von Unterwerfung und Passivität mit Femininität ist zum Teil für die negative Beurteilung der Unterwerfung verantwortlich: sich zu unterwerfen bedeutet, sich in eine zur Unterlegenheit der Frau gegenüber dem Mann analoge Position der Unterlegenheit zu begeben.

Ist die Unterwerfung eine weibliche Tugend?

Bei Freud gründet sich die Identifizierung des Masochismus mit Femininität auf eine Art Essentialismus: In der Natur der Frauen gebe es etwas, das sie zur Passivität und zu einer Sexualität bestimme, die aus Unterwerfung und Schmerz besteht. Doch verfallen die Frauen in den Vorstellungen wie auch in der klassischen Kultur nicht ganz natürlicherweise auf die Unterwerfung: Zehntausende von Seiten, die die Theologie, Moralphilosophie und Literatur darauf verwenden, den Frauen die Unterwerfung vorzuschreiben und den Männern zu zeigen, wie sie zu erreichen ist, legen nahe, dass die Unterwerfung eher ein Verhalten ist, das die *Männer* als typisch weiblich oder als für die Tugend der Frauen notwendig ansehen, und keine Haltung, die für sie natürlich wäre.

Einige der wichtigsten religiösen Texte schreiben den Frauen nicht nur die Unterwerfung unter Gott, sondern auch die Unterwerfung unter ihren Ehemann vor. Im Neuen Testament, im Brief des Paulus an die Epheser, wird die

Unterwerfung der Frau als ein Duplikat der Unterwerfung gesehen, die der Mann Gott schuldet:

> Wir wollen uns einander unterordnen, in der Ehrfurcht vor Christus: Ihr Frauen, ordnet euch euren Männern unter wie unserem Herrn, denn der Mann ist das Haupt der Frau, wie auch Christus das Haupt der Kirche ist, er, der Retter des Leibes. Also: Wie die Kirche sich Christus unterordnet, so sollen sich die Frauen in allem den Männern unterordnen. Ihr Männer, liebt eure Frauen, wie auch Christus die Kirche geliebt und sich für sie hingegeben hat, um sie zu heiligen und rein zu machen durch das Bad im Wasser, durch das Wort. So wollte er selbst die Kirche vor sich hinstellen: würdig, ohne Flecken und Falten oder dergleichen, denn heilig und makellos sollte sie sein. So sollen auch die Männer ihre Frauen lieben wie den eigenen Leib. Wer seine Frau liebt, liebt sich selbst. Denn noch nie hat jemand sein eigenes Fleisch gehasst, nein, jeder nährt und pflegt es, wie auch Christus die Kirche, weil wir Glieder seines Leibes sind. *Darum wird ein Mann Vater und Mutter verlassen und seiner Frau anhangen, und die zwei werden ein Fleisch sein.* Dies ist ein grosses Geheimnis; ich spreche jetzt von Christus und der Kirche. Doch das gilt auch für jeden Einzelnen von euch: Er liebe seine Frau so wie sich selbst, die Frau aber respektiere den Mann.[8]

Eine spezifische Unterwerfung der Frauen unter ihren Mann schreiben auch bestimmte Passagen des Koran vor, die vermuten lassen, dass sie ein Duplikat der Unterwerfung ist, die der Gläubige Gott schuldet:

> Die Männer stehen über den Frauen *(ar-riǧālu qauwāmū n ʿalā n-nisāʾ)*, weil Gott sie (von Natur aus vor diesen) ausgezeichnet hat und wegen der Ausgaben, die sie von

> ihrem Vermögen (als Morgengabe für die Frauen?) gemacht haben. Und die rechtschaffenen Frauen sind (Gott) demütig ergeben und geben acht auf das, was (den Außenstehenden) verborgen ist, weil Gott (darauf) acht gibt (d. h. weil Gott darum besorgt ist, dass es nicht an die Öffentlichkeit kommt). Und wenn ihr fürchtet, dass (irgendwelche) Frauen sich auflehnen (*nušūz*), dann vermahnt sie, meidet sie im Ehebett und schlagt sie (*wa-ḍribū-hunna*)! Wenn sie euch (daraufhin wieder) gehorchen, dann unternehmt (weiter) nichts gegen sie! Gott ist erhaben und groß.[9]

Diese heiligen Texte sind offen für eine Vielzahl von Interpretationen, und eine wortwörtliche Auslegung ist bei weitem nicht die einzig mögliche oder gar wünschenswerte.[10] Dennoch illustrieren diese beiden Passagen die Art und Weise, in der die weibliche Unterwerfung als Duplikat der Unterwerfung des Gläubigen unter Gott erscheint.

In der Philosophie gehen in *Emil oder Über die Erziehung* Rousseaus Empfehlungen zur Erziehung von Sophie ebenfalls in Richtung Unterwerfung, die als die der tugendhaften Frau vorgeschriebene Haltung verstanden wird. Rousseau beschreibt die verschiedenen Etappen von Emils Erziehung, wobei jede Etappe eine Weiterentwicklung seiner moralischen Gefühle anstrebt, die aus der kontinuierlichen Erweckung seiner Fähigkeiten erwachsen.

Während der Leser oder die Leserin in den ersten vier Büchern denken könnten, dass die Erziehung Emils ein Modell für die Erziehung aller Kinder ist, befasst sich Rousseau im V. Buch mit der Erziehung, die Sophie, Emils zukünftige Frau, auch hier entsprechend ihren Fähigkeiten erhalten sollte. Diese Ausbildung unterscheidet sich in jeder Hinsicht von der Emils. Nachdem er das Bestehen eines natürlichen Unterschieds zwischen den Geschlechtern festgestellt hat, vertritt Rousseau die Komplementarität der Geschlechter auf der Grundlage der Überlegenheit der Männer und der Unterwerfung der Frauen:

> Ob ich nun die Sonderbestimmung ihres Geschlechts betrachte, ob ich ihre Neigungen beobachte oder ihre Pflichten bedenke, alles weist mich auf eine Erziehungsform hin, die ihr angemessen ist. Mann und Frau sind füreinander geschaffen, aber ihre gegenseitige Abhängigkeit ist nicht gleich. Die Männer hängen wegen ihrer Begierden von den Frauen ab; die Frauen von den Männern wegen ihrer Begierden und Bedürfnisse. Wir könnten eher ohne sie als sie ohne uns bestehen. Wir müssen für ihre Bedürfnisse und ihr Wohlbefinden sorgen; wir müssen es ihnen aber auch geben wollen und sie dessen für würdig erachten. Sie hängen von unseren Gefühlen, von dem Wert, den wir ihren Verdiensten beimessen, und von dem Gewicht ab, das wir auf ihre Reize und Tugend legen. Schon von Natur aus hängen sie und ihre Kinder vom Urteil der Männer ab: es genügt nicht, schön zu sein, sie müssen auch gefallen; es genügt nicht, sittsam zu sein, sie müssen auch dafür gehalten werden. Ihre Ehre liegt nicht nur in ihrem Betragen, sondern auch in ihrem Ruf, und es ist unmöglich, daß eine Frau, die den Ruf der Ehrlosigkeit hinnimmt, jemals ehrbar sein kann. Ein rechtschaffener Mann hängt nur von sich selbst ab und kann der öffentlichen Meinung trotzen. Eine rechtschaffene Frau hat damit nur die Hälfte ihrer Aufgabe gelöst: das, was man über sie denkt, ist nicht weniger wichtig als das, was sie wirklich ist. Daraus folgt, daß ihre Erziehung in dieser Hinsicht das Gegenteil von unserer sein muß. Die öffentliche Meinung ist für die Männer das Grab ihrer Tugend, für die Frauen aber deren Thron. […] Rechtfertigt also immer die Pflichten, die ihr den Mädchen auferlegt; gebt ihnen jedoch immer etwas zu tun. Müßiggang und Lern-

> unwilligkeit sind die beiden gefährlichsten Fehler, die man am schwierigsten wieder ablegen kann, wenn man sie einmal angenommen hat. Mädchen müssen umsichtig und fleißig sein. Das ist aber nicht alles: sie müssen beizeiten an den Zwang gewöhnt werden. Dieses Unglück (wenn es für sie ein Unglück ist) gehört untrennbar zu ihrem Geschlecht. Gelingt es ihnen, sich davon zu befreien, so verfallen sie noch weitaus größeren. Ihr ganzes Leben lang sind sie dem beständigsten und grausamsten Zwang unterworfen, nämlich dem der Schicklichkeit. Sie müssen also zuerst an den Zwang gewöhnt werden, damit es ihnen später keine Mühe mehr macht, ihre Launen zu beherrschen und sie dem Willen eines anderen unterzuordnen.[11]

Rousseau leitet aus dem geschlechtlichen Unterschied zwischen Männern und Frauen einen moralischen Unterschied ab, der Frauen zu Wesen der Meinung und nicht der Vernunft, der Unterwerfung und nicht der Freiheit macht. Dieser moralische Unterschied beruht auf der Vorstellung, dass Frauen ohne Vernunft und folglich ihren natürlichen Instinkten ausgeliefert sind; sie haben ein grenzenloses sexuelles Verlangen, das sie nicht zügeln können. Die Vernunft der Männer erlaubt ihnen hingegen, diesem Verlangen zu widerstehen, es zu sublimieren und durch diese Kontrolle eine politische Gesellschaft zu errichten.

Anders als bei Freud, wo die Unterwerfung in der Natur der Frau selbst lag, ist die Unterwerfung hier nicht so sehr eine Folge der Natur der Frauen, sondern vielmehr eine Einstellung bezüglich der Bedingungen, die für ein harmonisches Einvernehmen zwischen den Geschlechtern notwendig sind. Damit Emil ein glücklicher Mann und Bürger sein kann, braucht er eine unterwürfige Frau an seiner Seite. Diese Unterwerfung scheint zu ihrer Entwicklung jedoch eine Erziehung zu erfordern: Wenn die Unterwerfung in der Natur der Frauen liegt, dann nicht mehr im Sinne des Wortes »Natur«. Wo Freud in der Unterwerfung eine Manifestation der psychischen, nahezu biologischen Natur der Frau sah, das heißt einer Natur im deskriptiven Sinne, ist für Rousseau die Unterwerfung die Natur der Frau im normativen Sinne: eine Frau sollte sich unterwerfen, um im eigentlichen Sinne eine Frau zu sein, das heißt eine Gefährtin des Mannes. Hier geht es nicht so sehr um die Frau als ein Individuum weiblichen Geschlechts, sondern um die Frau als ein Individuum, das den Normen der Weiblichkeit in einer patriarchalen Gesellschaft entspricht.

Wir sehen hier, wie sehr Unterwerfung und Weiblichkeit miteinander verflochten sind: Die Unterwerfung wird als die der Frau angemessene Haltung angesehen, als die Haltung, mit der die Frau ihre weibliche Natur erfüllt, als die Haltung, die Mann und Frau grundlegend unterscheidet. Demnach hätte die Weiblichkeit etwas intrinsisch Unterwürfiges und die Unterwerfung etwas intrinsisch Weibliches.

Eine Frau zu sein bedeutet, sich zu unterwerfen

Die Unterwerfung zur Natur der Frau zu machen erlaubt in der klassischen Theologie, Philosophie und Literatur, die gesellschaftliche Hierarchie zwischen Männern und Frauen zu rechtfertigen, indem diese nicht zu einem Ergebnis der Herrschaft der Männer über die Frauen gemacht wird, sondern zu einem Ergebnis der natürlichen Unterwerfung der Frauen unter die Männer. Zu sagen, dass die Frauen von Natur aus unterwürfig sind, impliziert nämlich, dass die Männer nichts tun müssen, damit die Frauen ihnen gehorchen, und dass sie mithin für diese Hierarchie nicht verantwortlich sind. Diese Implikation ist sehr wichtig, da sie die Vorstellung, dass die Menschen frei und gleich geboren werden – was die Unterwerfung *a priori* unmoralisch macht –, mit der sozialen Hierarchie der Geschlechter vereinbar macht. Wenn die Frauen nicht von den Männern auf die Unterwerfung reduziert werden, wenn sie sich für die Unterwerfung entscheiden, die in ihrer Natur liegt, ohne dass die Männer sie beherrschen müssten, dann beruht die gesellschaftliche Überlegenheit der Männer über die Frauen nicht auf einer Ungerechtigkeit.

Auch wenn dies die am weitesten verbreitete Form ist, die Verbindung von Weiblichkeit und Unterwerfung zu denken, so ist diese Verbindung auch ein Instrument der radikalen Kritik der patriarchalen Gesellschaftsordnung, wie die amerikanische Philosophin und Juristin Catharine MacKinnon zeigt. Ihre Arbeit über die Mann-Frau-Beziehungen erfolgt im Rahmen des systematischen Projekts einer Analyse der sozialen und politischen Realität, hat aber auch eine praktische Dimension: Catharine MacKinnon hat den juristischen Begriff der sexuellen Belästigung geprägt, sie war eine der beiden Wortführerinnen im Kampf für das Verbot der Pornographie in den Vereinigten Staaten, und sie hat erreicht, dass nach dem Krieg in Bosnien die Vergewaltigung im internationalen Recht als Kriegsverbrechen anerkannt wurde. In ihrer theoretischen Arbeit betrachtet sie die soziale Welt aus einer holistischen Perspektive und versucht, gestützt auf die Sozialwissenschaften und die Analyse konkreter Realitäten, zu zeigen, wie die Unterdrückung der Frauen funktioniert. Die Grundthese ihrer Analyse lautet: »Die Differenz ist der Samthandschuh über der eisernen Hand der Herrschaft. Das Problem ist nicht, dass die Differenzen nicht gewürdigt werden; das Problem ist, dass sie von der Macht definiert werden«.[12] Ihr zufolge ist der Geschlechtsunterschied das Ergebnis und nicht der Ursprung der männlichen Herrschaft, und sie dient dazu, das Bestehen dieser Herrschaft zu verschleiern. Diese gleichermaßen kontraintuitive, radikale und sehr starke These beruht auf einer komplexen Überlegung.

Die Sexualität ist politisch

Der Ausgangspunkt ihrer Überlegung lautet: Es gibt eine Wechselbeziehung zwischen dem Sozialen und der Sexualität. Das Soziale wird von der Sexualität und die Sexualität vom Sozialen bestimmt. Folglich kann man die Geschlechterverhältnisse nicht verstehen, wenn man von ihrer sexuellen Dimension abstrahiert. MacKinnon lehnt die allgemein – auch bei Feministinnen – akzeptierte Unterscheidung zwischen Sex und Gender ab, wonach sich Sex auf die biologische Dimension und Gender auf das bezieht, was in der Identität der Individuen gesellschaftlich konstruiert ist. Sie ist der Auffassung, dass sich die Biologie und das Soziale nicht trennen lassen und dass der Rückgriff auf die Unterscheidung von Sex und Gender dazu beiträgt, die Hypothese aufrechtzuerhalten, dass es möglich ist, dem einen und dem anderen Rechnung zu tragen. Sie vertritt so die Notwendigkeit einer (feministischen) politischen Theorie der Sexualität. Eine solche Theorie muss ihr zufolge »die Sexualität in den Zusammenhang einer Theorie der Geschlechterungleichheit stellen, das heißt der hierarchischen Überlegenheit der Männer über die Frauen«, und »die Sexualität als eine soziale Konstruktion männlicher Macht abhandeln«.[13]

Die erste These, die sie angreift, ist die Vorstellung, dass die Sexualität natürlich sei und dass man ihr folglich so viel wie möglich und ohne Tabu frönen sollte. Entgegen der Freud'schen Theorie und entgegen der zentralen Annahme der sexuellen Revolution der 1970er Jahre, wonach der Sex ent-unterdrückt werden muss und man sich im Gegenteil erlauben muss, sein sexuelles Begehren voll auszuleben, macht Catharine MacKinnon geltend, dass die Sexualität konstruiert ist. Sie behauptet, dass die Sexualität von der männlichen Dominanz konstruiert wird und dass die Hypothese von der Ent-Unterdrückung – MacKinnon vermeidet es bewusst, von sexueller *Befreiung* zu sprechen – in Wirklichkeit im Dienst des männlichen sexuellen Begehrens steht.

Das zeigt sich ihr zufolge beispielsweise in der Vorstellung, die man von der Sexualität hat: Der normale Geschlechtsverkehr ist die Penetration der Vagina einer Frau durch den Penis eines Mannes und endet, wenn der Mann einen Orgasmus hat. Diese – von Freud geerbte Vorstellung[14] – beruht auf der männlichen Perspektive. Laut MacKinnon spiegelt die Einnahme dieser Perspektive die Macht der Männer über die Frauen wider: Da die Männer in der Herrschaftsposition sind, haben sie die Möglichkeit, die Sexualität danach zu definieren, was sie erregt, und für diese Definition Objektivität zu beanspruchen. Dabei dient die Hypothese von der Ent-Unterdrückung den sexuellen Interessen der Männer: Indem sie behaupten, es liege in der Natur der Frauen, sich häufigen Geschlechtsverkehr zu wünschen, stellen die Männer eine größere sexuelle Verfügbarkeit der Frauen sicher. In Anbetracht des Kräfteverhältnisses zwischen Männern und Frauen ist es sehr wahrscheinlich, dass die Ent-Unterdrückungs-Hypothese den Wünschen der Männer dient.

Diese Widerlegung der Natürlichkeit des Sexes wird durch eine These untermauert, die sich sowohl auf das Begehren der Männer als auch auf ihre Macht erstreckt: »Die männliche Herrschaft ist sexuell«.[15] Das bedeutet nicht nur, dass die Männer über die Frauen sexuelle Macht haben, sondern auch, und dies ist ein entscheidender Beitrag des Denkens von MacKinnon, dass die Dominanz ebenso sehr im Zentrum der Sexualität der Männer steht, wie die Sexualität im Zentrum ihrer Dominanz steht. Gemäß MacKinnon zeigt die Pornographie, dass das, was die Männer sexuell erregt, nicht so sehr der Sex selbst oder die Penetration ist, sondern die Macht, die darin zum Ausdruck kommt. Quantitative Daten zur Reaktion von Männern auf Pornographie zeigen, dass das, was bei der Pornographie die Erregung der Männer hervorruft und dauerhaft aufrechterhält, die den Frauen angetane Gewalt ist[16] – diese Daten sind übrigens besonders interessant, wenn man sie zur Reflexion der Entwicklung der Standards der *mainstream*-Pornographie hin zu immer mehr physischer und symbolischer Gewalt heranzieht (Gangbangs, Bukkake etc.). Sie kommt so zu dem Schluss, dass die Hierarchie und Macht, das heißt die Beherrschung der Frauen, mehr als der hypothetische Sex selbst, das ist, was die Männer an der Sexualität schätzen.

Die Zentralität der Dominanz in der Sexualität der Männer hat zur Folge, dass die Frauen nur als Objekte für die sexuelle Befriedigung der Männer begriffen werden, als Objekte, die beim Geschlechtsakt dominiert werden sollen. Es gibt also eine sexuelle Dominanz der Männer über die Frauen. Doch diese Dominanz beschränkt sich nicht auf eine sexuelle Sphäre, die man als von der restlichen sozialen Welt getrennt ansehen könnte: Die sexuelle Dominanz der Männer über die Frauen strukturiert die soziale Welt insgesamt. Wenn das, was MacKinnon »Hierarchie« nennt, das heißt ungleiche Machtverhältnisse, das ist, was die Männer sexuell erregt, wenn die Männer in einer gesellschaftlichen Position sind, die ihnen erlaubt, ihre Wünsche geltend zu machen, und wenn das Geschlecht, verstanden als das, was die Männer von den Frauen unterscheidet, eine Achse der sozialen Hierarchie ist, dann muss das Geschlecht als soziale Manifestation des Herrschaftsbewusstseins der Männer verstanden werden.

Die soziale und sexuelle Konstruktion des Geschlechts

Die Infragestellung der Vorstellung, dass die Sexualität natürlich und von Natur aus gut ist, erlaubt so, den doppelten Zusammenhang zwischen Sexualität und sozialer Organisation zu verstehen und damit zu begreifen, in welcher Weise die männliche Dominanz die sexuelle Differenz bestimmt. In der Tat zeigt die Analyse der Ent-Unterdrückungs-Hypothese, dass die soziale Macht der Männer über die Frauen die Sexualität nach den Interessen der Männer formt, so dass die »normale« Sexualität diejenige ist, die den Wünschen der Männer entspricht. Die Originalität MacKinnons besteht darin, zu zeigen, dass sich der Zusammenhang darin nicht erschöpft: Die Sexualität, die die Interessen der Männer repräsentiert, wird als natürlich dargestellt und aufgrund dieser Natürlichkeit geschätzt. Dank dieser Naturalisierung verschwindet ihre ideologische Dimension und verschleiert den Einfluss der Sexualität auf die Sozialstruktur: Die Sexualität ist die Grundlage, auf der die Geschlechterdifferenz beruht. Die sexuelle Rollenverteilung strukturiert den Unterschied zwischen Männern und Frauen in der sozialen Welt. Die Männer sind diejenigen, die sexuell dominieren, die Frauen sind diejenigen, die sexuell unterworfen sind:

> Die männliche Macht nimmt die soziale Form dessen an, was die Männer als Geschlecht sexuell wollen. Im Zentrum steht dabei die Macht selbst in ihrer gesellschaftlichen Definition. Maskulinität bedeutet, sie zu haben, Femininität, sie nicht zu haben. Die Maskulinität geht dem Männlichen voraus, wie die Femininität dem Weiblichen vorausgeht, und beide werden vom männlichen sexuellen Begehren definiert. Insbesondere wird »Frau« durch das definiert, was das männliche Begehren zu seiner Erregung und Befriedigung benötigt, und ist mit »weiblicher Sexualität« und »weiblichem Geschlecht« sozial gesehen tautologisch. In der Art und Weise, wie eine Frau zulässigerweise behandelt werden darf, das heißt in einer Art und Weise, die gesellschaftlich nicht als Missachtung, sondern als ihrem Wesen gemäß angesehen wird, findet man die Spezifika der männlichen sexuellen Interessen und wessen sie bedürfen.[17]
> Das Männliche und das Weibliche werden über die Erotisierung von Dominanz und Unterwerfung geschaffen. Die Differenz von Mann/Frau und die Dynamik von Herrschaft/Unterwerfung definieren sich wechselseitig. Darin liegt die soziale Bedeutung des Sex und das Spezifische der feministischen Herangehensweise an die Geschlechter-Ungleichheit.[18]

Die These dieser beiden Passagen ist sehr stark: Sie impliziert die Vorstellung, dass es nichts Natürliches gibt und dass alles sozial konstruiert ist – was man als These des vollkommenen sozialen Konstruktivismus bezeichnet –, sie verleiht der Sexualität eine zentrale Stellung und bestreitet jegliche Rolle der Biologie. Sie vertritt die radikale Vorstellung, dass die biologischen Unterschiede zwischen den Geschlechtern für die Mann-Frau-Differenz keine Rolle spielen.[19] Während man gewöhnlich davon ausgeht, dass das Männliche und das Weibliche vor allem auf der Grundlage der körperlichen Merkmale von Männern und Frauen definiert werden (das heißt, dass man das als männlich betrachtet, was mit den physischen oder biologischen Merkmalen der Männer verbunden ist), behauptet MacKinnon, dass die Unterscheidung männlich/weiblich der Unterscheidung zwischen Männern und Frauen vorausgeht. Die Unterscheidung von männlich und weiblich ist ein Produkt der männlichen Dominanz und beruht auf dem Zusammenhang der wechselseitigen Determinierung des Sozialen und des Sexuellen. Die Zirkularität dieses Zusammenhangs macht es schwer, ihn linear zu erklären, doch verläuft er insgesamt nach folgender Logik: Die männliche Dominanz entspringt der Sexualität und steht in Verbindung mit dem Sozialen; ihre Verbindung mit dem Sozialen speist wiederum die Phantasien der Individuen und damit die Sexualität und steigert so ihre Wertschätzung der Dominanz, die die Geschlechterhierarchie in der sozialen Welt verstärkt.

Mit dieser Hypothese soll nicht der Ursprung der männlichen Dominanz erklärt werden, sondern ihr Fortbestand und ihre Funktionsweise. MacKinnon räumt in einem anderen Text ein, dass es ursprünglich durchaus der Vorgängigkeit der einen Sphäre vor der anderen bedarf. Sie stellt so die Hypothese auf, dass die Männer die Macht über die Frauen ursprünglich mit Gewalt übernommen haben.[20] Diese Hypothese ist jedoch nicht zentral: MacKinnon ist in erster Linie Juristin, und ihre Analyse der sexuellen Differenz hat die Aufgabe, die Unzulänglichkeit des Rechts zu beleuchten.[21] Sie versucht vor allem, den systematischen Charakter der Unterdrückung der Frauen als Frauen ans Licht zubringen und die Art und Weise, wie sich diese Unterdrückung aufrechterhält.

Die Unterwerfung definiert die Weiblichkeit

Gemäß MacKinnon wird der Unterschied Mann/Frau auf den Gegensatz Dominanz/Unterwerfung übertragen: Als »Männer« werden die Individuen bezeichnet, die dominieren, und als »Frauen« die unterwürfigen Individuen. Folglich definiert die Unterwerfung die Weiblichkeit. MacKinnon begnügt sich nicht damit, zu sagen, dass die Macht der Männer über die Frauen den Unterschied zwischen dem männlichen und dem weiblichen Geschlecht bildet. Eine These, die die Feministinnen, radikale und andere, teilen. Sie geht noch weiter und behauptet, dass Dominanz und Unterwerfung Haltungen sind, aus denen die Geschlechterdifferenz konstruiert wird. Insbesondere die Macht der Männer über die Frauen erlaubt ihnen, den Unterschied zwischen Männern und Frauen durch das zu definieren, was sie erregt. So können sie sich über ihre Macht definieren und die Frauen über die Haltung, die sie sich von diesen ihnen gegenüber wünschen. Meiner Meinung nach ist es tatsächlich kein Zufall,[22] dass MacKinnon den Begriff der »Unterwerfung« dem der »Unterordnung« vorzieht. Die Unterordnung ist eine objektive Folge der Herrschaft über den Beherrschten. Ehefrauen sind zum Beispiel durch den Ehevertrag ihren Ehemännern untergeordnet. Das objektive Begriffspaar Dominanz/Unterordnung bildet aber nicht die Grundlage der sexuellen Differenz. Das Weibliche besteht nicht einfach darin, die Macht »nicht zu haben«, sondern darin, sie nicht haben zu können und dies anzuerkennen. Die Unterwerfung ist gemäß MacKinnon die Haltung, die sich die Männer von den Frauen in sexueller Hinsicht wünschen. Wie die Pornographie zeigt, die laut MacKinnon das Begehren der Männer verrät, besteht sie einerseits in der sexuellen Objektivierung dieser Frauen, das heißt in ihrer Unterordnung, die so weit geht, dass sie die Eigenschaft eines Subjekts verlieren und zu bloßen Objekten der Lust werden,[23] und andererseits in einer Form der Anerkennung durch die Unterwerfung unter die sexuelle Dominanz der Männer.

Von Freud über Rousseau bis MacKinnon ist eines klar: In der Unterwerfung ist etwas intrinsisch Weibliches und in der Weiblichkeit etwas intrinsisch Unterwürfiges. Doch egal, ob die weibliche Unterwerfung als natürlich, verordnet oder konstruiert verstanden wird, fehlt in diesen Ansätzen eines: Alle sprechen auf ihre je eigene Weise mehr von der Weiblichkeit als von den Frauen und verwischen so den Unterschied zwischen der deskriptiven und der normativen Dimension ihrer Ansätze. Ist die Weiblichkeit, zu deren Bestandteilen die Unterwerfung gehört, die Weiblichkeit aller Frauen? Oder nur einiger Frauen? Ist es möglich, eine Frau zu sein und nicht unterwürfig zu sein? Dann stellt sich das Problem, herauszuarbeiten, wie der scheinbar enge Zusammenhang zwischen Unterwerfung, Weiblichkeit und Lebensalltag der Frauen genau beschaffen ist – ein Problem, das der scheinbare Widerspruch zwischen der natürlichen Unterwerfung und der konstruierten Unterwerfung nicht zu lösen erlaubt. Simone de Beauvoir weist in *Das andere Geschlecht* die Alternative von Essentialismus oder totalem Konstruktivismus zurück und erlaubt uns so, dieses Problem zu klären.

3
Was ist eine Frau?

Simone de Beauvoirs Analysen in *Das andere Geschlecht* zeigen, dass es in der Unterwerfung etwas Weibliches gibt, insofern die Unterwerfung den Frauen als Schicksal erscheint: Eine Frau zu sein bedeutet, eine Person zu sein, der die Unterwerfung von außen vorgeschrieben wird. Das bedeutet weder, dass die Unterwerfung natürlich wäre, noch, dass sie unvermeidlich wäre, doch hat diese soziale Vorgabe eine solche Kraft, dass es schwierig ist, sich ihr zu entziehen. Um zu verstehen, inwiefern Beauvoir die Unterwerfung zum Kern ihrer Untersuchung macht, muss zunächst ihr Begriff des Geschlechtsunterschieds analysiert werden, der ihr erlaubt, die Spannung zwischen der Naturalisierung der weiblichen Unterwerfung und dem reinen Konstruktivismus zu überwinden. Wie wir gesehen haben, ist eines der Hauptprobleme, Licht in die Verbindung von Weiblichkeit und Unterwerfung zu bringen, zu wissen, ob an der weiblichen Unterwerfung etwas *Natürliches* ist, ob es in der Natur oder im Wesen der Frau liegt, unterwürfig zu sein. Beauvoir gibt auf dieses Problem eine sehr subtile Antwort, indem sie sowohl die Klippe des Essentialismus als auch die Klippe des Konstruktivismus umgeht. Ihr zufolge gibt es kein unveränderliches Wesen der Frau, und dennoch ist es falsch, zu sagen, dass Männer und Frauen nichts unterscheidet, abgesehen von dem Namen, den man ihnen gibt. Die Frauen sind Individuen, die sich in einer bestimmten *Situation* befinden.

Der Geschlechtsunterschied ist keine Frage des Wesens

Die Verwerfung des Essentialismus durch Beauvoir beruht implizit auf der – existentialistischen – Vorstellung, dass man das, was die Philosophen als Frage nach dem Wesen bezeichnen, thematisieren kann, ohne deshalb davon auszugehen, dass die Antwort auf diese Frage in einem biologischen oder metaphysischen Wesen zu finden ist.

Eine philosophische Frage

Die zentrale Frage, die *Das andere Geschlecht* zu beantworten sucht, ist in der Tat das, was die Philosophen seit Sokrates als Frage nach dem Wesen bezeichnen. Denn sie fragt nach dem Wesen oder der Natur eines Begriffs: »Was ist eine Frau?« Wie Beauvoir in ihren Memoiren darlegt, versteht und schreibt sie *Das andere Geschlecht* als Präambel zu ihrem autobiographischen Werk: Obwohl ihr Ziel das autobiographische Werk ist, das sie zu schreiben versucht, wird ihr bei einer Diskussion mit Sartre bewusst,[1] dass die Frage nach ihrer Weiblichkeit jeglichem autobiographischen Unternehmen vorausgehen muss. So beschließt sie, dass sie, bevor sie über sich selbst und ihr Leben schreiben kann, die Frage beantworten muss, »Was ist eine Frau?«. Diese Frage ist die philosophische Frage schlechthin, insofern sie die Form der sokratischen Fragen hat.

Doch eine solche Frage wirft, wenn sie auf »die Frau« angewendet wird, das Problem auf, dass sie die Vorstellung von einer Natur der Frau zu bestätigen scheint: Wenn Sokrates fragt, »Was ist Tugend?«, versucht er eine Definition zu finden, welche die der Tugend eigene Natur zum

Ausdruck bringt. Wendet man die Suche nach der Natur oder dem Wesen (im Altgriechischen gibt die Frage »Was ist?« Auskunft über das *eidos*, was man sowohl mit »Natur« als auch mit »Wesen« übersetzen kann) auf den Begriff der »Frau« an, scheint dies zu einer Position zu führen, die man als essentialistisch bezeichnet: Es gebe ein vom männlichen Wesen unterschiedenes weibliches Wesen. Die Formulierung der zentralen Frage des Buches, die schon auf der ersten Seite der Einleitung kommt, sowie die Tatsache, dass Beauvoir das ganze *Andere Geschlecht* hindurch unaufhörlich von »der Frau« spricht, statt von »Frauen« zu reden, könnte einen denken lassen, dass Beauvoir eine weibliche Natur annimmt, dass sie also »essentialistisch« sei und die Hypothese von einem essentiellen Unterschied zwischen Frau und Mann aufstelle. Doch den Essentialismus auf den Geschlechtsunterschied anzuwenden, ist problematisch: Wie wir bei Rousseau oder Freud gesehen haben, wurde der Essentialismus zur Rechtfertigung der männlichen Dominanz benutzt, indem gesagt wurde, dass es in der Natur der Männer liege, zu herrschen, und in der der Frauen, unterwürfig zu sein, womit der Essentialismus ein Hindernis für die Befreiung der Frauen zu sein scheint.[2]

Gegen den Essentialismus

In Wirklichkeit stellt Beauvoir die Frage nach dem Wesen, ohne darauf eine essentialistische Antwort zu geben. Man versteht ihre Ablehnung des Essentialismus besser, wenn man verschiedene Arten des Essentialismus unterscheidet.

Wenn man von Geschlechtsunterschied spricht, ist der erste und evidenteste Essentialismus der biologische Essentialismus, nämlich die Vorstellung, dass es biologische Unterschiede gibt, die hinreichend signifikant sind, um der Meinung zu sein, dass es ein männliches Wesen und ein weibliches Wesen gibt. Beauvoir bestreitet die Vorstellung von biologischen Unterschieden zwischen Mann und Frau nicht, doch lehnt sie nichtsdestotrotz den biologischen Determinismus ab, das heißt die Vorstellung, dass die biologischen Unterschiede die Männer und Frauen bestimmen und ihnen ein unentrinnbares Schicksal vorgeben. Eines ihrer Argumente für die Ablehnung des biologischen Determinismus lautet: »Nicht jeder weibliche Mensch ist also zwangsläufig eine Frau; er muß an jener geheimnisvollen, bedrohten Realität, der Weiblichkeit, teilhaben«.[3] Die biologischen Unterschiede zwischen Mann und Frau reichen nicht, um die Trennung zwischen Männern und Frauen in der Gesellschaft zu erklären und noch weniger die nahezu geheimnisvolle Dimension, die der Weiblichkeit in der Gesellschaft verliehen wird.

Eine zweite Form des Essentialismus, die Beauvoir ablehnt, ist der so genannte metaphysische Essentialismus, also die Vorstellung, dass ein Gegenstand oder Lebewesen eine bestimmte Eigenschaft oder Beschaffenheit besitzt, kraft deren es ist, was es ist. Das ist der Essentialismus von Platon und Sokrates. Zum Beispiel besteht das Wesen des Dreiecks darin, ein Polygon mit drei Seiten zu sein. Auf den Unterschied der Geschlechter angewendet, impliziert der metaphysische Essentialismus, dass es unabhängig von jeglicher sozialen Konstruktion ein reales Wesen der Geschlechter gibt. Es gebe Eigenschaften der Frau, die für sie charakteristisch seien und erlauben würden, ihr Wesen ebenso klar zu definieren wie die drei Seiten des Dreiecks. Dieser Essentialismus ist starr und beruht auf der Vorstellung, dass die metaphysischen Wesen eine Realität haben, die sich im Laufe der Zeit nicht ändert: So gebe es, wie der Mythos vom Ewigweiblichen behauptet, seit jeher eine immer gleiche Weiblichkeit, die allen Frauen eigen sei. Beauvoir stützt sich auf die Infragestellung dieses Fixismus durch die Bio- und Sozialwissenschaften, um ein solch fixes Wesen der Weiblichkeit zu verwerfen: Da sich der Fixismus nicht vom metaphysischen Essentialismus trennen lässt, reicht die Unrichtigkeit des Fixismus, um das Ewigweibliche zu verwerfen.

Schließlich lehnt sie das ab, was man als linguistischen Essentialismus bezeichnen kann, also die Vorstellung, dass jeder tatsächlich von derselben Sache spricht, wenn er den Begriff »Frau« verwendet, indem sie zeigt, dass dieser Begriff deskriptiv, aber auch normativ gebraucht wird: Wenn sich die Zeitungen beklagen, dass es keine Frauen mehr gibt, um einen gewissen Untergang der Weiblichkeit zu beklagen, verweisen sie nicht auf dieselbe Bedeutung des Wortes »Frau« wie statistische Untersuchungen, die sich auf das Geschlecht der befragten Personen beziehen. In dem einen Fall ist »Frau« eine Kategorie innerhalb einer Klassifikation, in dem anderen verweist das Wort auf eine Norm für Weiblichkeit.

Gegen diesen Essentialismus macht Beauvoir geltend: »Mit Sicherheit ist die Frau wie der Mann ein Mensch«.[4] Aber wie ist dann zu verstehen, dass sie sich die Mühe macht, ein ganzes Buch über das andere Geschlecht zu schreiben?

Weiblichkeit als soziale Konstruktion?

Beauvoir lehnt den Essentialismus ab, übernimmt darum aber noch lange nicht die von von MacKinnon vertretene Vorstellung, dass allein die gesellschaftliche Organisation den Unterschied zwischen der Gruppe der Männer und der der Frauen erklärt. Im Gegenteil warnt Beauvoir sowohl vor dem Essentialismus als auch vor dem Nominalismus, das heißt vor der Vorstellung, »die Frauen seien unter den Menschen nur jene, die willkürlich mit dem Wort ›Frau‹ bezeichnet werden«.[5]

Für sie zeugt eine solche Position von Blindheit: Zu behaupten, dass es außer dem Namen, den man ihnen verleiht, nichts gibt, was Männer und Frauen unterscheidet, bedeutet, die Realität der Gesellschaftsordnung und die tatsächlichen Unterschiede zwischen Männern und Frauen zu verkennen. Sobald man durch die Straßen geht, sieht man durchaus, dass es Frauen gibt und dass es Männer gibt. Darüber hinaus könnte man hinzufügen, dass die Existenz von Leuten, die dieser Unterscheidung nicht entsprechen, dieser Evidenz nicht widerspricht: Genau weil einige nicht leicht und sofort der einen oder anderen Kategorie zuordenbar sind, lehnt ein Teil der Bevölkerung sie als »seltsam« (*bizarres*)[6] ab. Angesichts der Evidenz des Geschlechtsunterschieds in der Gesellschaftsordnung muss man die Tatsache, dass die Frau ein menschliches Wesen ist, und die Tatsache, dass der Geschlechtsunterschied ins Auge springt, zusammenbringen. So ist es Beauvoir zufolge notwendig, die Frage nach dem Wesen »Was ist eine Frau?« nicht wegen eines vom männlichen Wesen unterschiedenen weiblichen Wesens zu stellen, wenn man unter Wesen die charakteristische Natur der Frauen versteht, sondern weil der Unterschied der Geschlechter (*sexes*)[7] einer der Hauptbestandteile dessen ist, was Beauvoir »Situation«[8] nennt.

Bevor analysiert wird, wie sie diesen Begriff gebraucht, gilt es zu begreifen, dass sie, indem sie den Essentialismus und den Nominalismus gleichermaßen ablehnt, in der feministischen Debatte nach *Das andere Geschlecht* zwischen dem Essentialismus und dem Konstruktivismus eine eigene Position verkörpert: Ebensowenig wie es für sie ein weibliches Wesen gibt, gibt es für sie eine Weiblichkeit, die eine reine soziale Konstruktion wäre. Der bekannteste Satz von *Das andere Geschlecht*, »Man kommt nicht als Frau zur Welt, man wird es«, hat die meisten Leser Beauvoirs – inklusive Judith Butler, die amerikanische Philosophin, deren Arbeit die *Gender Studies* begründete – dazu geführt, in Beauvoir die Wegbereiterin der Erkenntnis zu sehen, dass das Geschlecht konstruiert ist und dass die Verbindung, die die Gesellschaft zwischen Sex und Gender herstellt, arbiträr ist.[9] Wenn man nicht als Frau zur Welt kommt, dann weil es keinen mit dem Geschlecht, das heißt mit der natürlichen Dimension der Weiblichkeit, verbundenen Determinismus gibt; wenn man es trotzdem wird, dann weil die Gesellschaft für diese Unterscheidung verantwortlich ist. In Wirklichkeit ist dies jedoch nicht genau die von Beauvoir vertretene Position. Beauvoir schreibt:

> Man kommt nicht als Frau zur Welt, man wird es. Keine biologische, psychische oder ökonomische Bestimmung legt die Gestalt fest, die der weibliche Mensch in der Gesellschaft annimmt. Die gesamte Zivilisation bringt dieses als weiblich qualifizierte Zwischenprodukt zwischen dem Mann und dem Kastraten hervor.[10]

Beauvoir weigert sich, nur das Raster der Geschlechterdifferenz anzulegen, sei es biologisch, psychoanalytisch oder ökonomisch – das heißt marxistisch. Sie macht im Gegenteil geltend, dass der Unterschied zwischen den Geschlechtern in seiner Gesamtheit zu betrachten ist, ohne zu unterstellen, dass eines dieser Raster das andere übertrifft oder zur Erklärung der Situation reicht. Beauvoir räumt der Biologie eine ganz andere Stellung ein als Judith Butler. Gewiss teilt Beauvoir mit Butler die Ablehnung der Hypothese vom biologischen Determinismus. Hingegen bestreitet sie, wie das erste Kapitel des *Anderen Geschlechts* mit dem Titel »Die biologischen Gegebenheiten« zeigt, die Existenz einer biologischen Binarität nicht – es gibt ihr zufolge in der menschlichen Gattung Mann und Frau, die klare Unterschiede aufweisen –, und sie bestreitet auch nicht, dass die biologischen Unterschiede zwischen Mann und Frau sich auf die Art und Weise auswirken, wie der Unterschied zwischen Männern und Frauen in der Gesellschaft wahrgenommen wird, doch begründen sie diesen nicht unwiderruflich:[11] Es gibt *Gegebenheiten* der Biologie, doch reichen diese Gegebenheiten keinesfalls, um ein *Schicksal* zu begründen, dem man nicht entkommen könnte.

In diesem Punkt ist die Beauvoir'sche Philosophie tatsächlich existentialistisch: Der Mensch hat die Besonderheit, dass seine Existenz seinem Wesen vorausgeht. Was die Frau ist, geht nicht auf ein vor ihr existierendes Wesen zurück, sondern auf die Form, in der sie in der Welt lebt. Aus der sozialen Dimension folgt, dass bestimmte biologische Unterschiede von Bedeutung sind, während andere keinen Einfluss auf die Definition der Weiblichkeit haben.[12] Die soziale Dimension der menschlichen Interaktionen ist beim Geschlechtsunterschied weitaus wichtiger und verleiht den biologischen Unterschieden allein eine Bedeutung.

Der Unterschied zwischen der Position Beauvoirs und der Position Butlers kommt von einem unterschiedlichen

Begriff der sozialen Konstruktion. Wenn Butler sagt, dass das Geschlecht nichts anderes ist als eine soziale Konstruktion, eine These, die man als starken sozialen Konstruktivismus bezeichnet, ist diese Behauptung nicht von der postmodernen Vorstellung zu trennen, dass es keine von unseren Praktiken oder unserer Sprache unabhängige Realität gibt[13] und dass Begriffe wie Wahrheit oder Realität nur Fiktionen sind, die die Herrschenden benutzen, um ihre Macht zu verschleiern. Indem Beauvoir nun aber schreibt, »Man kommt nicht als Frau zur Welt, man wird es«, zieht sie gerade nicht diesen Schluss. Sie lehnt einerseits im Namen der sehr viel größeren Bedeutung der sozialen Realität die biologischen Unterschiede als das den Geschlechtsunterschied Bestimmende ab, leugnet deshalb aber nicht ihre Realität. Und vor allem folgert sie andererseits daraus nicht, dass der Geschlechtsunterschied nicht real und nicht wahr ist: Sie begnügt sich damit, ihn als sozial situiert zu betrachten.

Situation und Geschlechtsunterschied

Der Begriff der »Situation« erlaubt, die Auseinandersetzung um Essentialismus und Nominalismus zu überwinden, indem sowohl anerkannt wird, dass die Frauen ein soziales Schicksal haben, eine Art Norm, die ihnen vorausgeht und ihr Leben formt, als auch, dass sie die Möglichkeit haben, dieses soziale Schicksal zu transzendieren, indem sie es nicht für rein kontingent erachten, sondern ihre eigene Freiheit dagegen geltend machen. Beauvoir schreibt in der Einleitung:

> […] wenn ein Individuum oder eine Gruppe von Individuen in Unterlegenheit gehalten wird, so *ist* sie eben unterlegen, doch müßte man sich zuerst einmal über die Bedeutung des Wortes *sein* verständigen. Die Unaufrichtigkeit besteht darin, ihm einen substantiellen Charakter zu geben, während es den dynamischen Sinn hat, den Hegel ihm verleiht: *sein* heißt geworden sein, heißt zu dem gemacht worden sein, als was man in Erscheinung tritt. Ja, die Frauen insgesamt *sind* den Männern heute unterlegen, d.h., ihre Situation eröffnet ihnen geringere Möglichkeiten: die Frage ist nur, ob es ewig bei diesem Stand der Dinge bleiben soll.[14]

Der Begriff der Situation gestattet, sowohl die Realität der Unterlegenheit der Frauen gegenüber den Männern zu beschreiben als auch sie zu historisieren, das heißt zu zeigen, dass an dieser Unterlegenheit nichts naturgegeben und mithin festgeschrieben ist. Gegen den Platonischen Essentialismus, der dieser Unterlegenheit eine natürliche und festgeschriebene Dimension verleihen würde, fordert Beauvoir die Notwendigkeit, diese Unterlegenheit als eine historische Gegebenheit zu denken, die zum einen erlaubt, ihre Vergangenheit zu denken, das heißt sie als Ergebnis der Unterdrückung zu denken, als etwas, was sich ereignet hat, und zum anderen ihre Zukunft zu denken und damit die Möglichkeit einer Emanzipation der Frauen.

Gegen Sartre

Eines der hartnäckigsten Vorurteile hinsichtlich des *Anderen Geschlechts* lautet, dass Beauvoir als Schülerin Sartres – einige gaben ihr den Beinamen Große Sartrianerin – nichts anderes macht, als hier Sartres Philosophie anzuwenden. Doch zeigt sich schon auf den ersten Seiten des *Anderen Geschlechts*, dass der Beauvoir'sche Begriff der »Situation« nicht mit dem gleichnamigen Begriff bei Sartre übereinstimmt.

In *Das Sein und das Nichts*, das Sartre 1943 veröffentlicht, also sechs Jahre vor der Publikation von *Das andere Geschlecht*, ist der Begriff der Situation untrennbar mit den Begriffen der Freiheit und der Faktizität verbunden, das ist das, was es in unserer Existenz an Kontingenz gibt. Gemäß Sartre sind menschliche Wesen grundsätzlich frei, wie auch immer die Ausgangsbedingungen ihrer Existenz aussehen mögen. Das bedeutet nicht, dass die sozialen, historischen und ökonomischen Bedingungen, unter denen das Individuum lebt, nicht existieren oder nicht berücksichtigt werden müssen, sondern dass sie rein kontingent sind. Sie unterliegen einer Faktizität, einer vernunftlosen, kontingenten Gegebenheit, die die menschliche Freiheit überwinden muss. Für Sartre ist die Situation somit die reine Kontingenz unserer Existenz, das Einzige, das wir nicht wählen, die einzige Gegebenheit, gegen die die Freiheit auszuüben ist und der die Freiheit eine Bedeutung verleihen muss. Die Freiheit ist die Negation der Faktizität der Situation. Nicht zu begreifen oder nicht zu sehen, dass die Freiheit die kontingente Faktizität transzendieren kann und muss, macht genau die Unaufrichtigkeit (*mauvaise foi*) aus.[15]

Beauvoir schildert in *In den besten Jahren*, ihren Memoiren, die ihr Leben Ende der 1920er Jahre bis Kriegsende schildern, ihren Dissens mit Sartre bezüglich der Vorstellung, dass die Situation eine reine Faktizität ist, von der sich das freie Individuum losmachen muss und für diese Loslösung verantwortlich ist, egal in welcher Situation es sich befindet:

> An den folgenden Tagen diskutierten wir Teilprobleme, vor allem das Verhältnis zwischen Situation und Freiheit. Ich hielt dafür, daß hinsichtlich der Freiheit, wie Sartre sie definierte – nicht stoische Resignation, sondern aktives Überwinden des Gegebenen –, die Situationen einander nicht gleichwertig sind. Welche Möglichkeit zur Überwindung hat die Frau, die in einen Harem gesperrt ist? Sogar diese Abgeschlossenheit könne man auf verschiedene Weise erleben, sagte Sartre. Ich blieb hartnäckig und gab schließlich nur halben Herzens nach. Im Grunde hatte ich recht. Aber um meine Position zu verteidigen, hätte ich den Standpunkt der individualistischen und daher idealistischen Moral verlassen müssen, den wir einnahmen.[16]

Am Ende von *Die besten Jahre* macht Beauvoir den Krieg – und genauer gesagt den Krieg, insofern er für sie die unaufhörliche Möglichkeit des Eintretens des Todes war – zum Grund für eine Art philosophische Konversion: Während Sartre und sie sich in der Zwischenkriegszeit in einem abwartenden Individualismus gefielen, brachte sie der Krieg dazu, die Hypothese von einem von der Welt, in der es sich befindet, unabhängigen Individuum zu verwerfen. Das Individuum ist situiert,[17] und dies zu begreifen, macht es erforderlich, sich in der Gesellschaft zu engagieren. Diese Konversion wird in *Für eine Moral der Doppelsinnigkeit* sehr deutlich, dem zweiten philosophischen Text, den sie schreibt und gleich nach dem Krieg veröffentlicht. Dieser Text ist mit mehr oder weniger expliziten Bezugnahmen auf Heidegger übersät und kommt auf die Auseinandersetzung mit Sartre über die Faktizität zurück.[18] Im Gegensatz zu der Position, die Sartre in *Das Sein und das Nichts* einnimmt, bedeutet für Beauvoir zu sagen, dass die Individuen situiert sind, anzuerkennen, dass sie gänzlich in der Welt sind: Sie existieren nicht außerhalb der Welt und gestalten sie gleichzeitig durch ihre Präsenz.

Das Individuum und die soziale Welt

Der Begriff der Situation gestattet, das Problem der Unterwerfung tatsächlich zum Vorschein kommen zu lassen, weil er erlaubt, eine Erklärung vorzuschlagen, die nicht wie beim Essentialismus nur vom Individuum oder wie beim Konstruktivismus nur von der Gesellschaft ausgeht, sondern die die Rolle von Individuum und Gesellschaft miteinander verbindet. Um zu verstehen, wie die weibliche Unterwerfung funktioniert, muss es in der Tat gelingen, zwei Ebenen zusammenzubringen: die des Individuums, das Entscheidungen trifft und sich auf eine bestimmte Weise verhält, und die der Gesellschaft, die den Individuen Verhaltensweisen vorschreibt und ihre Präferenzen prägt. Wenn Beauvoir während des Krieges die individualistische Position Sartres ablehnt und der These vom situierten Individuum den Vorzug gibt, gelingt es ihr exakt, diese beiden Ebenen zusammenzubringen.

Um zu einer solchen Komplexität der Analyse zu gelangen, eignet sich Beauvoir Elemente von Heideggers Philosophie in *Sein und Zeit* an. In ihren Memoiren legt sie dar, dass Heidegger der Autor ist, der ihr erlaubt, ihren Individualismus der Vorkriegszeit aufzugeben:

> Heidegger hatte mich davon überzeugt, daß sich in jedem Seienden ›die menschliche Realität‹ vollzieht und ausdrückt; umgekehrt bindet und beansprucht jedes Sein sie ganz. Je nachdem, ob eine Gesellschaft sich zur Freiheit hin entwirft oder sich mit einem trägen Sklavenda-

> sein abfindet, begreift sich das Individuum als Mensch unter Menschen oder als Ameise in einem Ameisenhaufen. Aber wir alle haben die Macht, die Kollektivwahl in Frage zu stellen, sie zu verweigern oder sie zu billigen. Ich erfuhr diese zwielichtige Solidarität täglich. Wer in diesem besetzten Frankreich noch atmete, der bejahte bereits die Unterdrückung. Sogar Selbstmord hätte mich von ihr nicht frei gemacht, er hätte die Niederlage bestätigt. Meine Rettung ging Hand in Hand mit der Rettung des ganzen Landes. Doch hatten meine Gewissensbisse mir entdeckt, daß ich selbst zur Schaffung dieser mir aufgezwungenen Situation beigetragen hatte. Das Individuum geht nicht auf in dem Universum, das es einbegreift. Indem es dieses Universum erträgt, wirkt es darauf ein, und sei es auch nur durch sein Stillhalten.[19]

Ihre Lektüre von Heidegger wird sie in Verbindung mit ihrer Erfahrung von Krieg und Besatzung dazu führen, die Frage der Unterwerfung, der Wahl und der Verantwortung in einer sehr speziellen Weise zu denken, indem sie über den Begriff der Unterwerfung sowohl den rein individualistischen Ansatz als auch den strukturellen und impersonellen Ansatz ablehnt.

Hier geht es nicht darum, *Sein und Zeit* zusammenzufassen, doch ist dieses Werk Heideggers oft wenig bekannt und wird als sehr viel obskurer angesehen, als seine Sprache es erscheinen lassen mag. Einige wichtige Ideen erlauben zu begreifen, wie Beauvoir die Unterwerfung der Frauen erklären wird. Für Heidegger geht es darum, zu verstehen, was das Sein ist. Anstatt dieselben Wege einzuschlagen wie die traditionelle Metaphysik, schlägt er vor, vom einzelnen Seienden, das das *Dasein*[20] ist, auszugehen und die Frage des Seins von ihm aus zu denken. *Dasein* bedeutet auf Deutsch wörtlich »da sein«, und was Beauvoir mit »*réalité humaine*« (menschliche Realität) übersetzt, ist das menschliche Sein, das in gewissem Sinne als das einzige Seiende begriffen wird, das in der Lage ist, sich zu fragen, was es für es bedeutet, das Seiende zu sein, das es ist.[21]

Die Analyse des *Daseins* und seines Platzes in der Welt ist für Beauvoir wichtig, weil sie Heidegger die Gelegenheit gibt, einen radikalen Bruch mit einer klassischen Vorstellung der Philosophie zu vollziehen, der Vorstellung, dass das Individuum vor der Welt existiert und die Welt erschafft. Für Heidegger gibt es nicht zunächst ein isoliertes Individuum, das seiner eigenen Welt Sinn verleiht, dann dem anderen, dann der Welt überhaupt. Für das *Dasein* ist die Welt ebenso wichtig und ursprünglich wie es selbst. Es gibt nicht einerseits ein Subjekt und andererseits die aus Objekten bestehende Welt. Das *Dasein* bewohnt die Welt, es ist in sie eingelassen, impliziert. Die Welt ist nichts, was einem äußerlich wäre, sondern ein Ganzes, in dem sich alles in einer Beziehung des Engagements oder der wechselseitigen Implikation befindet: In seiner gewöhnlichen täglichen Aktivität kennt das *Dasein* die Dinge, insofern es sich ihrer bedient und sie ihm als Teil einer Ganzheit von Bedeutungen erscheinen. Zum Beispiel hat ein Nagel nur den Sinn eines Nagels, weil er sich in einer Werkstatt befindet, in der es einen Hammer, Balken, aber auch einen Zimmermann gibt. Die gewöhnlichste Seinsweise besteht für das *Dasein* darin, in einer nichtreflexiven Weise in der Welt zu sein, einfach weil es sich in der Welt bewegt und sich Werkzeugen bedient, die in Bezug auf die Gesamtheit der Welt eine Bedeutung haben.

Die Grundidee, dass man das *Dasein* nicht außerhalb der Welt, in der es sich befindet, denken kann oder jedenfalls dass so von der Welt zu abstrahieren nicht der Weise entspricht, in der menschliche Wesen zunächst in der Welt sind, ist sehr wichtig, um den Geschlechtsunterschied zu denken. Sie impliziert die Notwendigkeit, den Geschlechtsunterschied sowohl in seiner sozialen Dimension als auch in seiner individuellen Dimension zu denken: Jedes Individuum kommt in eine Welt, in der es den Geschlechtsunterschied bereits gibt, gleichzeitig wird jedes Individuum durch seine Existenz selbst Einfluss auf das haben, was man unter Geschlechtsunterschied versteht. Außerdem bedeutet dieser Begriff, dass man das Individuum nicht vor der Geschlechterdifferenz denken kann: Jede Person weiblichen Geschlechts wird in eine Welt geboren, in der es bereits etwas bedeutet, eine Frau zu sein.

Mit anderen leben

Eine wichtige Konsequenz der Interdependenz von *Dasein* und Welt ist, dass das Individuum nicht zunächst einzeln und dann in Gesellschaft mit anderen ist: Gemäß Heidegger erfolgt das *Dasein* immer mit anderen. Es gibt nicht zuerst meine Welt und dann die Welt, es gibt nur eine Welt, und diese Welt wird mit den anderen geteilt. Im Gegensatz zum Individualismus Sartres ist man Heidegger zufolge im gewöhnlichen Alltagsleben nicht zunächst ein »Ich«, das sodann andere trifft, es gibt keine erste Zeit, in der das Individuum alleine ist, und dann mit anderen. Im Alltagsleben, bei der Arbeit, trifft man andere, sie sind immer schon da.

Dieses Mitsein (Beauvoir benutzt dieses deutsche Wort) hat für die Beauvoir'sche Philosophie eine entscheidende Konsequenz: Heidegger versteht die Beziehung zu anderen zunächst als eine harmonische oder neutrale Beziehung. Meist ist meine Beziehung zu anderen neutral – ich gehe an anderen vorbei, ich kreuze sie, ich bin indifferent – oder positiv, wenn ich jemandem zu helfen versuche. Die Beziehung zum anderen stellt zunächst keinen Konflikt zwischen Individuen dar, ja nicht einmal eine wirkliche Beziehung, sondern besteht darin, zusammen die Welt zu bewohnen. Diese Vorstellung erlaubt zu verstehen, dass der Geschlechtsunterschied zunächst nicht als eine Form von Konfliktgeschehen begriffen wird, sondern als eine Evidenz, über die wir nicht nachdenken: Wir leben in einer Welt, in der bestimmte Individuen Frauen sind, andere Männer, und diese Teilung löst keine Reflexion aus. Erst wenn dieser Unterschied Probleme bereitet, zum Beispiel wenn er ungerechte Ungleichheiten erzeugt oder bestimmte Personen ausschließt, wird er untersucht. Davon ausgehend wird somit verständlich, dass es nicht möglich ist, sich mit einem individuellen Ansatz zu begnügen. Das Individuum ist nicht alleine auf der Welt, und es existiert nicht vor der Welt. Doch bleibt ein Problem: Wie ist der Einfluss der Welt auf das Individuum zu verstehen? Für Heidegger wie für Beauvoir ist die Antwort in der Vorstellung von den sozialen Normen zu finden.

Die sozialen Normen

Die Welt, in der das *Dasein* lebt, ist ihm vertraut,[22] es weiß, wie es sich darin verhalten soll. Das bedeutet nicht, dass das *Dasein* nicht frei handeln kann, sondern nur, dass jedes menschliche Wesen bis zu einem gewissen Grad von der Situation bestimmt wird, das heißt von seinem Platz in der Welt. Das Individuum wird von der Welt bestimmt, in der es lebt, weil diese Welt durch soziale Normen ein sinn- und einheitsstiftendes Ganzes ist. Zum Beispiel weiß ich aufgrund der bloßen Tatsache, in Frankreich aufgewachsen zu sein, in einer nichtreflexiven Weise, dass ich mir nahestehende Personen begrüßen werde, indem ich sie auf beide Wangen küsse, und nicht, indem ich sie an mich drücke. Wenn ich an einer Kreuzung ohne Auto stehe, weiß ich als Fußgänger auch, dass ich die Straße überqueren kann, selbst wenn die Ampel mir keinen Vorrang einräumt. Dieses Wissen ist kein reflexives Wissen, ich habe lediglich mögliche oder empfohlene Verhaltensweisen übernommen, die ich nicht übernommen hätte, wenn ich in den Vereinigten Staaten aufgewachsen wäre. Heidegger zufolge funktioniert unser Alltagsverhalten vor allem nach Normen, die wir übernommen haben, ohne darüber nachzudenken, und die uns im Alltag orientieren. In diesem Sinne existiert die Welt als Gefüge von sozialen Normen, von Dingen, die man tun kann, während andere verboten sind, vor jedem *Dasein*. Gleichzeitig bedarf es jedoch eines *Daseins*, um diese Welt und diese Normen zutage zu bringen: Weil ich in Abhängigkeit von diesen sozialen Normen handle – indem ich ihnen entweder entspreche oder mich ihnen widersetze –, bestehen soziale Normen und ist die Welt ein Ganzes.

Eine Form, in der diese Normen funktionieren, geht auf die Tatsache zurück, dass das *Dasein* im Verhalten der anderen eine Norm für sein Handeln sieht. Im Alltagsleben handeln die Individuen ohne nachzudenken auf der Grundlage dessen, was »man« in einer bestimmten Situation tut. Bleiben wir bei dem zuvor genannten Beispiel: Wenn ich einen Freund sehe, küsse ich ihn zur Begrüßung auf beide Wangen, weil dies das ist, was die anderen tun und was demnach als das angesehen wird, was »man« tut, oder als das, was getan wird, das heißt als soziale Norm. Freilich hat dieses »Man« eine problematische Dimension, insofern es das Individuum mehr dazu anhält, den sozialen Normen zu entsprechen, als dazu, sich Gedanken über die Grundlagen seines Handelns zu machen. Doch gleichzeitig ist das »Man« eine Quelle der Intelligibilität: Die soziale Norm erlaubt zu verstehen, was die Verhaltensweisen der Individuen bedeuten, insofern sie die richtige Weise, in der Welt zu sein, vorgibt,[23] anhand deren die Verhaltensweisen eines jeden verstanden werden können.

Sich auf das »man« zu beziehen, ist somit keine Form der Unaufrichtigkeit, es handelt sich nicht um eine Selbstlüge, bei der man sich hinter den Gepflogenheiten versteckt, um seine Verantwortung nicht wahrzunehmen. Niemand entkommt dieser Seinsweise. Im Gegensatz zu Sartre, für den das Subjekt frei ist und in die Unaufrichtigkeit verfällt, wenn es diese Freiheit verwirft und sich der Faktizität überlässt, ist für Heidegger die erste Erfahrung des *Daseins* die der Beziehung zu Entitäten und zu anderem *Dasein* in Form des Miteinanderseins, und zwar eines Miteinanderseins, das von sozialen Normen geregelt wird. Das *Dasein* hat aufgrund der bloßen Tatsache, irgendwo inmitten von anderen aufgewachsen zu sein, ein Verständnis von der Welt, das ihm bereits gegeben ist. In diesem Bereich gibt es keine Entscheidung oder Wahl des *Daseins*: Es kommt schon immer in einer Welt zur Welt, die bereits Sinn hat. Das bedeutet nicht, dass das *Dasein* komplett von diesen Normen bestimmt wäre, sondern dass jede Interpretation der Welt, jedes Handeln von ihm sich von diesem Hintergrund abhebt, der die öffentliche Interpretation ist, die ihn standardmäßig umgibt. Laut Heidegger hat das *Dasein* gute Gründe, sein In-der-Welt-Sein in Form eines sozialen Schicksals, eines bereits von der Welt, in der es lebt, öffentlich interpretierten Lebens zu begreifen.

Weiblichkeit, Situation und soziale Normen

Dieser kurze Umweg über Heidegger zeigt, dass Beauvoir, wenn sie das menschliche Wesen als situiert erkennt, bekräftigt, dass man sich in einer Welt befindet, in der unser Sein immer schon einen Sinn und eine Norm hat, dass dieser Sinn und diese Norm aber Produkte der Geschichte und nicht einer feststehenden Natur sind. Das bedeutet, dass eine Frau nicht behaupten kann, dass sie einfach ein menschliches Wesen ist, da in dieser Welt der Geschlechtsunterschied existiert und die Handlungsmöglichkeiten strukturiert. Beauvoir führt das Beispiel einer jungen Trotzkistin an, die vorgibt, ihre Weiblichkeit zu negieren, indem sie sich wie ein Mann verhält. Für Beauvoir ist diese junge Frau unaufrichtig, weil sie behauptet, sich wie ein Mann verhalten zu können, und dabei nicht sieht, dass sie sich genauso verhält, wie die sozialen Normen es für die Frauen verlangen, da sie dies aus Liebe zu einem Aktivisten tut.[24] Gegen die Vorstellung Sartres, der zufolge sich die Subjekte mehr oder weniger zufällig in einer Welt befinden, die ihnen äußerlich ist und gegenüber der sie eine Form von Unabhängigkeit geltend machen können und müssen, bedeutet für Beauvoir zu sagen, dass die Individuen situiert sind, anzuerkennen, dass sie in der Welt sind, insofern sie nicht außerhalb der Welt existieren, die sie gleichzeitig durch ihre Präsenz gestalten.

Die essentialistische Sichtweise zeugt ebenfalls von Unaufrichtigkeit. Beauvoir weist die Hypothese zurück, dass die Frau, der Jude oder der Schwarze durch unveränderliche und natürliche Charaktere definiert sind, und führt ihren Charakter hingegen auf die Situation zurück, die keine Faktizität darstellt, die es zu überwinden gilt, um nicht unaufrichtig zu sein:

> Tatsächlich befindet sich jeder konkrete Mensch immer in einer einzigartigen Situation. Die Begriffe vom Ewigweiblichen, von der schwarzen Seele, vom jüdischen Charakter abzulehnen, bedeutet ja nicht zu verneinen, daß es heute Juden, Schwarze, Frauen gibt: diese Verneinung wäre für die Betroffenen keine Befreiung, sondern eine Flucht ins Unauthentische. Selbstverständlich kann keine Frau, ohne unaufrichtig zu sein, behaupten, sie stünde jenseits des Geschlechts.[25]

Der Begriff der Situation bezeichnet nicht einfach die Faktizität, in der sich das Subjekt befindet (die Tatsache, irgendwo geboren zu sein, eine bestimmte Familie zu haben), sondern die soziale und ökonomische Struktur, in der sich die Individuen befinden und aus der folgt, dass ihre Unaufrichtigkeit, das heißt ihre Tendenz, diese Situation als Rechtfertigung für die Tatsache zu benutzen, dass sie nicht frei zu sein versuchen, ihnen nicht anzulasten ist und nicht wie bei Sartre ein radikales moralisches Versagen darstellt.[26] Die wahre Unaufrichtigkeit besteht im Gegenteil darin, nicht anerkennen zu wollen, dass man sich in einer bestimmten Situation befindet, in der der Geschlechtsunterschied signifikant ist. Frei zu sein bedeutet nicht, sich der Faktizität zu widersetzen, sondern diese Faktizität zu erkennen und anzuerkennen, um sich von ihr aus zu positionieren. Wenn die Situation kontingent ist, insofern das Subjekt sie nicht gewählt hat, kann es sich nicht damit begnügen, sie zu verneinen, wenn es seine Freiheit ausüben möchte. Sie zu verneinen wäre eine Form der Selbstlüge, die verhindern würde zu handeln.

Wir erkennen nun deutlich, wie Beauvoir das Ewigweibliche oder jegliche weibliche Natur verneinen und sich damit zugleich zu dem sozial konstruierten Charakter der Weiblichkeit bekennen kann, ohne deshalb zu meinen, dass diese Konstruktion einen geringeren Grad oder sogar das Nichtbestehen der Realität des Geschlechtsunterschieds oder der Weiblichkeit implizieren würde. Insofern sich jedes Individuum immer zunächst in einer bereits interpretierten, bereits von Normen strukturieren Welt befindet, die den Eigenschaften der Individuen (Geschlecht, Alter, Hautfarbe) eine bestimmte Bedeutung geben, kann sich das Individuum nicht anders als in Bezug auf diese Normen konstruieren, sei es in Übereinstimmung, in Opposition oder in Komplizenschaft. Bei Beauvoir gibt es keine Möglichkeit, das Individuum außerhalb seiner sozialen Situation zu denken. Die Tatsache, dass der Geschlechtsunterschied jedem ins Auge springt, zeigt, dass die Weiblichkeit für die Individuen Realität hat, auch wenn – und das ist die von Beauvoir vertretene Position – diese nur das Produkt der Geschichte menschlicher Wesen wäre. Auf den Geschlechtsunterschied angewendet, erlaubt der Begriff der »Situation« somit zu verstehen, dass es notwendig ist, den Geschlechtsunterschied zu untersuchen, um zu begreifen, was es heißt, eine Frau zu sein, ohne auf den Essentialismus oder totalen Konstruktivismus zurückzugreifen: Die erste, evidente Antwort auf die Frage »Was ist eine Frau?« gründet sich auf die alltägliche und soziale Erfahrung, die man mit dem Geschlechtsunterschied macht:

> Dabei braucht man nur mit offenen Augen durch die Welt zu gehen, um festzustellen, daß die Menschheit sich in zwei Kategorien von Individuen teilt, deren Kleidung, Gesichter, Körper, Lächeln, Gang, Interessen und Betätigungen sichtlich verschieden sind: vielleicht sind ihre Unterschiede oberflächlich, vielleicht sind sie dazu bestimmt zu verschwinden. Sicher ist, daß sie derzeit unübersehbar existieren.[27]

Beauvoir macht somit das Vorhandensein des Geschlechtsunterschieds geltend, ohne deshalb eine essentialistische Position einzunehmen. Sie lehnt eine mythische oder biologische Erklärung des Geschlechtsunterschieds klar ab und beleuchtet gleichzeitig die Realität dieses Unterschieds und seine Bedeutung für die Situation der Frauen. Beauvoir bekräftigt, dass es für die Frauen eine Art von Unaufrichtigkeit wäre, »jenseits ihres Geschlechts« stehen zu wollen,[28] weil der Geschlechtsunterschied Teil der sozialen Normen ist, die die Welt organisieren, in die jeder geboren wird.

Weiblichkeit und Schicksal

Auch wenn der Einfluss Heideggers auf Beauvoir offensichtlich ist, ist der Beauvoir'sche Ansatz dennoch in mehr als einer Hinsicht durch und durch originell: Heidegger begibt sich bewusst auf das Terrain der Ontologie, indem er sich für das *Dasein* interessiert, das heißt für den Menschen, sofern er von jeder Faktizität losgelöst ist. Beauvoir richtet ihre Untersuchung hingegen auf die Faktizität des Geschlechts aus, genauer des weiblichen Geschlechts. Ihr Ziel ist, die Situation der Frauen zu analysieren, um deutlich zu machen, in welcher Weise die Weiblichkeit ein Schicksal darstellt.

Das andere Geschlecht ist ein Werk von mehr als tausend Seiten,[29] das sich in zwei Bücher teilt. Das erste Buch mit dem Titel »Fakten und Mythen« untersucht, auf welche Weise dieses Schicksal von den Männern konstruiert wird. Im ersten Teil, der eben mit »Schicksal« überschrieben ist, geht Beauvoir der Weise nach, in der die Weiblichkeit aus Sicht der Biologie, der Psychoanalyse und des Marxismus verstanden wird. Im zweiten Teil, »Geschichte«, legt Beauvoir eine Geschichte der Frauen vor, die die permanente Unterdrückung herausstellt, die die Männer ihnen aufbürden. Schließlich untersucht Beauvoir im dritten Teil, »Mythen«, die Weise, in der die Mythen und allgemein die Literatur die Form zum Ausdruck bringen, in der die Frauen durch den männlichen Blick konstruiert werden. Dieses sehr aufschlussreiche erste Buch zeigt mithin, dass die Antwort auf die Frage »Was ist eine Frau?« gewöhnlich von Männern und für Männer gegeben wird. Die Männer erschaffen durch ihre Dominanz und zu ihrem Vergnügen Frauen, die dazu bestimmt sind, ihre Sklavinnen und Objekte ihrer Begierde zu sein.

Im zweiten Buch mit dem Titel »Gelebte Erfahrung«, das über sechshundert Seiten umfasst, kehrt Beauvoir die Perspektive um und analysiert das weibliche Schicksal in den verschiedenen Etappen des Lebens einer Frau bei verschiedenen Figuren. In vier Hauptteilen (»Werdegang«, »Situation«, »Rechtfertigungen«, »Auf dem Weg zur Befreiung«) beschreibt Beauvoir die Weise, in der der Blick der Männer, den sie im ersten Buch analysiert hat, die Welt so gestaltet, dass die Erfahrung der Frauen mittels Erfahrungstypen und Figurtypen verallgemeinert werden kann. So nimmt sie Verallgemeinerungen vor, die sie dazu bringen, von *dem* kleinen Mädchen, *dem* jungen Mädchen, *der* Mutter zu sprechen. Was nicht bedeutet, dass sie denkt, dass alle kleinen Mädchen und alle Mütter individuell dieselben Erfahrungen machen. Ganz im Gegenteil zeigt sie, wie diese verschiedenen Figuren Situationen sind, das heißt soziale Positionen, die für die Frauen, die sie erreichen, immer schon interpretiert und normiert sind. Ihr zufolge »muß das herkömmliche Los der Frau sorgfältig untersucht werden«, um sich klarzumachen, auf welchem Hintergrund sich die Freiheit der Frau behaupten kann:

> Wenn ich die Wörter »Frau« oder »weiblich« gebrauche, meine ich selbstverständlich keinen Archetypus, kein unveränderliches Wesen. Die meisten meiner Behauptungen beziehen sich auf den gegenwärtigen Stand der Erziehung und der Sitten. Es geht hier nicht darum, ewige Wahrheiten auszusprechen. Vielmehr soll der gemeinsame Hintergrund beschrieben werden, von dem sich jede einzelne weibliche Existenz abhebt.[30]

Auch wenn das gesamte Werk von der Weiblichkeit handelt, wird diese Weiblichkeit doch unter dem Gesichtspunkt der Ablehnung jeglichen weiblichen Wesens zugunsten einer Analyse der nicht primär individuellen, sondern ökonomischen, sozialen und politischen Situation von Frauen untersucht.

Eine Frau zu sein bedeutet also, in einer bestimmten ökonomischen, sozialen und politischen Situation zu sein. Diese Situation beinhaltet eine Menge von Normen, denen die Frauen in ihrem Verhalten genügen müssen und anhand derer sie beurteilt werden. Eine Frau zu sein, und zwar eine »echte«, setzt voraus, sich diesen Normen anzupassen. Und ebenso wie die Beschaffenheit eines Werkzeugs in Frage gestellt wird, wenn es seine Funktion nicht erfüllt, wird die Weiblichkeit einer Frau in Frage gestellt, wenn ihr Verhalten und das Verhalten, das ihr sozial vorgeschrieben ist, auseinanderklaffen. Doch welches Verhalten wird der Frau in der Gesellschaft vorgeschrieben? Die Unterwerfung.

4
Die nicht zu fassende Unterwerfung

Die Unterwerfung ist, wie wir gesehen haben, eine gewöhnliche Erfahrung, die alle machen, besonders die Frauen. Diese Erfahrung, über die die Philosophie sehr wenig sagt, ist in Wirklichkeit eine geteilte, tagtägliche Erfahrung. Um Klarheit über sie zu gewinnen, muss die gewohnte Sichtweise der Macht umgekehrt werden, und man darf sich nicht einfach damit begnügen, die Macht als unidirektional zu denken, ausgehend von dem, der sie hat, zu dem, über den er sie ausübt. Diese beiden Dimensionen der Unterwerfung – ihre Alltäglichkeit und die Umkehrung des Blicks, die zu ihrer Wahrnehmung notwendig ist – machen es schwer, Klarheit darüber zu gewinnen, was sie ist, wie es ist, in einer Position der Unterlegenheit, in einer ungleichen Machtbeziehung zu sein. Diese Schwierigkeiten werden noch verstärkt, wenn man sich vor allem für die Unterwerfung der Frauen interessiert: Über die weibliche Unterwerfung wurde von denjenigen, die sie wollten oder, seltener, verurteilten, so vieles gesagt und geschrieben, doch machte die Situation der Unterwerfung es schwer, die Erfahrung dieser Frauen zu formulieren und zu vernehmen. Wenn man indessen dank Beauvoir begreift, dass man auf die Frage »Was ist eine Frau?« zweifellos antworten muss: »Eine Frau ist eine Person, die nicht unterwürfig zur Welt kommt, sondern es wird«, dann muss man die Reduzierung auf die Stille bekämpfen und die Unterwerfung beschreiben, nicht nur um zu verstehen, wie sie erlebt wird, sondern auch, wie sie den Frauen, allen Frauen, als ein vorgezeichnetes Schicksal erscheint.

Es ist schwer, die Unterwerfung zu beschreiben und zu verstehen, weil eine solche Analyse zwei große philosophische Probleme aufwirft: zum einen das Problem, das Gewöhnliche zu denken, und zum anderen das Problem, die Macht zu denken.

Unterwerfung und Alltagsleben

Die Unterwerfung ist ein gewöhnliches Phänomen: Haben wir wirklich etwas zu sagen zu den gewöhnlichen Entsagungen, dem Moment, in dem man sich dem guten Willen seines Arbeitgebers unterwirft oder seinen Ehemann für sich entscheiden lässt? Insofern die Unterwerfung auf gewöhnlichen Verhaltensweisen beruht, stellt sie ein theoretisches Problem, ein epistemologisches Problem und ein moralisches Problem dar.

Das theoretische Problem, das das Gewöhnliche für die Philosophie darstellt, ist das der Würde: Ist das Gewöhnliche einer philosophischen Untersuchung würdig? Müsste sich die Philosophie nicht eher mit der Wahrheit, der Existenz Gottes, der Moral befassen, als unser Alltagsverhalten zu beschreiben? Die geschlechtsspezifische Arbeitsteilung, die Auswirkungen der neuen Führungstechniken auf das Leben der Arbeiter scheinen gegenüber den »großen Fragen« nach der Natur des menschlichen Wesens, der Möglichkeit, die Außenwelt zu erkennen, triviale und nahezu lächerliche Themen zu sein. Wenn sich die Philosophie an die großen und hehren Probleme machen soll, ist es nicht sicher, dass die Unterwerfung dazugehört. Die

Frage, was Philosophie ist, sein sollte oder nicht sein sollte, ist selbst eine philosophische Frage,[1] die bedeutende moralische und politische Folgen hat. Im Falle der Unterwerfung kann man dieses theoretische Problem lösen, indem man zwei Anmerkungen macht: Erstens besteht das Charakteristische der Philosophie von Platon und Aristoteles bis Heidegger genau darin, eine Form von Staunen gegenüber dem Alltäglichsten in der menschlichen Erfahrung hervorzurufen. Das Alltägliche und Vernachlässigte der Unterwerfung sollte somit gerade ein Anreiz sein, die Unterwerfung zum Gegenstand der philosophischen Untersuchung zu machen. Zweitens ist die Tatsache, dass die Unterwerfung bis jetzt nicht zu den Gegenständen der Philosophie gehörte, nicht notwendig dem Umstand zuzuschreiben, dass es sich um ein nichtphilosophisches Thema oder um eine nichtphilosophische Erfahrung handeln würde. Die soziale Stellung der traditionellen Philosophen – mit Ausnahme des Sklaven-Philosophen Epiktet – kann einen leicht auf den Gedanken bringen, dass die Unterwerfung vielleicht kein Gegenstand nennenswerter philosophischer Studien war, weil diese Philosophen sich in einer derart privilegierten sozialen Situation befanden, dass die Erfahrung der Unterwerfung nicht zu ihrem Alltag gehörte. Die Unterwerfung zu einem philosophischen Gegenstand zu machen ist nur im Kontext einer Demokratisierung der Philosophie möglich: Wenn die Philosophie weder ausschließlich von Mitgliedern der sozialen Elite betrieben wird noch ausschließlich für diese bestimmt ist, hat sie die Pflicht, das Alltagsleben aller zu denken. In diesem Leben ist die Unterwerfung nun aber eine gemeinsame und geteilte Erfahrung.

Das epistemologische und moralische Problem, das die Gewöhnlichkeit der Unterwerfung für die Philosophie aufwirft, ist ernster: Es entspringt dem Zusammenhang zwischen der Unterwerfung und der Mediokrität des Gewöhnlichen. Im wörtlichen Sinne wird medioker gebraucht, um etwas zu bezeichnen, was durchschnittlich ist, glanzlos, uninteressant. Zu sagen, dass das Gewöhnliche medioker ist, versteht sich insofern von selbst und lässt uns begreifen, weshalb es schwierig ist, darüber zu sprechen: Das Gewöhnliche ist genau das, was man nicht denkt, weil es sich von selbst versteht, weil es nichts gibt, was es unterscheidet, kein Relief, das dem Denken erlaubt, einzuhaken, um etwas darüber zu sagen. In diesem Sinne ist das Gewöhnliche eine echte Herausforderung für die Philosophie: Man könnte sagen, dass es darüber nichts zu sagen und zu denken gibt. Zwar könnte man denken, dass das, was für uns das Alltäglichste ist, auch das ist, was am leichtesten zu erkennen ist, doch sobald man versucht, das Gewöhnliche zu erfassen, entzieht es sich uns. Das besagt die Kritik, die Nietzsche im 19. Jahrhundert an den Verfechtern der platonischen Idee übt, dass etwas zu erkennen darin besteht, etwas wiederzuerkennen, was man bereits weiß. Er schreibt:

> Auch die Vorsichtigsten unter ihnen meinen, zum Mindesten sei das Bekannte *leichter erkennbar* als das Fremde; es sei zum Beispiel methodisch geboten, von der »inneren Welt«, von den »Thatsachen des Bewusstseins« auszugehen, weil sie die *uns bekanntere* Welt sei! Irrthum der Irrthümer! Das Bekannte ist das Gewohnte; und das Gewohnte ist am schwersten zu »erkennen«, das heisst als Problem zu sehen, das heisst als fremd, als fern, als »ausser uns« zu sehn … Die grosse Sicherheit der natürlichen Wissenschaften im Verhältnis zu Psychologie und Kritik der Bewusstseins-Elemente – *unnatürlichen* Wissenschaften, wie man beinahe sagen dürfte – ruht gerade darauf, dass sie das *Fremde* als Objekt nehmen:

> während es fast etwas Widerspruchsvolles und Widersinniges ist, das Nicht-Fremde überhaupt als Objekt nehmen zu *wollen*...[2]

Die Erkenntnis erfordert eine Distanz zu ihrem Gegenstand – genau diese Distanz erlaubt Objektivität –, und diese Distanz steht in Widerspruch zu unserer Beziehung zum Gewöhnlichen. Nietzsches Text zeigt zwei wichtige Aspekte der Hürde, die das Gewöhnliche für die Erkenntnis darstellt: Zum einen ist es schwierig, das zu erkennen, was uns nahe ist, gerade weil es uns nahe ist, und zum anderen ist es schwierig, erkennen zu wollen, was uns nahe ist, das heißt es als ein Problem zu betrachten, das die Anstrengung einer Analyse erfordert. Insofern versteht man, welche Schwierigkeit jeglicher Analyse der Unterwerfung innewohnt: Wenn die Unterwerfung tatsächlich eine höchst gewöhnliche Erfahrung ist, die menschliche Wesen machen, erfordert sie keine spezielle Analyse – man unterwirft sich, na und? –, und wenn eine solche Analyse trotzdem unternommen würde, würde sie auf die besondere Schwierigkeit stoßen, dass unsere alltäglichsten Erfahrungen zu denken wären.[3]

Die Mediokrität des Gewöhnlichen im wörtlichen Sinne stellt ein Problem für seine Erkenntnis dar; seine Mediokrität im *negativen* Sinne wirft ein moralisches Problem auf. »Medioker« bedeutet nicht nur »durchschnittlich«; was medioker ist, ist im gängigen Sprachgebrauch das, was unter dem Durchschnitt ist, was zwar nicht wirklich schlecht, doch zumindest eindeutig enttäuschend ist. Die allgemeine Wahrnehmung des Gewöhnlichen hat mit dieser negativen Mediokrität zu tun: Das Alltagsleben stellt in dem, was es an Durchschnittlichem, an Unmerklichem, aber auch und vielleicht vor allem in dem, was es an Negativem, Unbehagen, ja Scham Erzeugendem hat, eine Hürde für das Denken dar. Dieser Effekt ist im Falle der Unterwerfung besonders auffällig: Selbst wenn es gelingt, sich von der Evidenz des Gewöhnlichen zu befreien und die Unterwerfung zu einem Problem zu machen, scheint die Untersuchung dieser Erfahrung ein wenig beschämend. Um ein vielleicht allzu eindeutiges Beispiel zu nehmen, befasst man sich lieber mit dem außerordentlichen Mut der Helden der Résistance als mit der Unterwerfung der Masse der Franzosen während der deutschen Besatzung, deren Kehrseite sie ist. Und wenn man sich mit dieser Unterwerfung auseinandersetzt, dann vor allem, um sich zu distanzieren, um nicht ihre Gewöhnlichkeit, sondern das Amoralische und Skandalöse an ihr aufzuzeigen. Zu den größten Kühnheiten in den Memoiren Beauvoirs gehört die Schilderung ihres Alltagslebens während der Besatzung, bei der sie den Akzent weit mehr auf das Gewöhnliche und Alltägliche der Unterwerfung legt als auf das Heroische und Außergewöhnliche der Widerstandskämpfer.[4]

Das Unbehagen und die Abneigung sind im Falle der Unterwerfung besonders stark, da es sich nicht nur um ein gewöhnliches Verhalten handelt, sondern auch um ein Verhalten, das als unmoralisch angesehen wird: Man hält es für evident, dass jedes menschliche Wesen vor allem seine Freiheit anstreben muss. Daher erscheint die Unterwerfung, die im Verzicht auf die Freiheit besteht, als ein widernatürliches und somit unmoralisches Verhalten. Sich für die Unterwerfung zu interessieren bedeutet, Verhaltensweisen zu untersuchen, mit denen man im Alltagsleben gegen einen Grundwert des menschlichen Lebens verstößt. Zu dem Unangenehmen einer jeden Analyse des Gewöhnlichen in seiner Mediokrität kommt im Fall der Unterwerfung noch das Unbehagen hinzu, das man empfindet, wenn sie zeigt, dass Denken und Tun, das, was man für gut hält, und die Normen, nach denen man handelt, auseinanderklaffen.

Beleuchtet man diese verschiedenen Probleme, ist es leicht verständlich, dass die Philosophie die Unterwerfung kaum untersucht hat: ihr philosophischer Status ist nicht fest etabliert; es ist schwierig, unsere gewöhnlichen Verhaltensweisen als ein Thema zu begreifen, das der philosophischen Untersuchung würdig ist; die Amoralität der Unterwerfung verstärkt das Unbehagen desjenigen, der das Gewöhnliche in dem zu denken versucht, was es nicht nur an Nicht-Bemerkenswertem, sondern auch an Negativem hat.

Für eine Bottom-up-Analyse der Macht

Dennoch ist eine Analyse der Unterwerfung wichtig, um die Macht zu denken. Übergeht man den Begriff der Unterwerfung, das heißt, studiert man die asymmetrischen Machtbeziehungen nur unter dem Blickwinkel der Herrschaft, verzichtet man in der Tat auf ein globales Verständnis der Machtbeziehungen, vor allem der asymmetrischen Machtbeziehungen, da man sie nur in einer Hinsicht betrachtet. Herrschaft als eine asymmetrische Machtbeziehung zu studieren verlangt, beide Enden der Herrschaftsbeziehung zu untersuchen. Auf der Seite des Herrschenden besteht dies darin, sich zu fragen, wie die Herrschaft für den funktioniert, der sie ausübt. Zum Beispiel kann man sich fragen, wie es ist, zu herrschen, und eine Analyse der Erfahrung der Herrschaft vorlegen – *Der Gallische Krieg*, wo Julius Caesar sein Eroberung Galliens im Detail schildert, könnte ein gutes Beispiel dafür sein. Man kann auch nach der

Effizienz der Herrschaft fragen, indem man die Strategien, Techniken und Methoden studiert, wie es zum Beispiel Machiavelli in *Der Fürst* macht, wo dargelegt wird, wie man Fürst wird und bleibt. Man kann auch fragen, was es bedeutet, zu herrschen, wer herrscht in einem bestimmten Moment, warum versuchen diese Akteure zu herrschen. Aber die Frage, die fast immer mit Schweigen übergangen wird, die aber für die Analyse der Herrschaft zentral ist, ist die Frage, wie die Herrschaft für denjenigen oder diejenige funktioniert, auf den oder die sie ausgeübt wird.

Die Unterwerfung zu analysieren bedeutet somit, eine Umkehrung des Blicks vorzunehmen, die asymmetrischen Machtbeziehungen nicht länger bloß aus der Perspektive desjenigen zu analysieren, der sie durchsetzt oder errichtet, sondern aus der Perspektive derjenigen, über die sie ausgeübt werden. Das heißt die Hypothese aufzustellen, dass es für die Erklärung dessen, was bei denjenigen passiert, über die sie ausgeübt wird, nicht reicht zu verstehen, wie die Herrschaft für diejenigen funktioniert, die sie ausüben. Man darf sich hinsichtlich der Bedeutung des Verbs »ausüben« nicht täuschen: Herrschaft ist eine *Beziehung*, wie wir in dem Schema in der Einleitung gesehen haben. Folglich kann man die Hypothese aufstellen, dass diese Beziehung *a minima* eine Wirkung auf denjenigen hat, der beherrscht oder unterworfen ist, und dass dieser entgegen dem, was die sprachliche Form anzudeuten scheint, bei diesem Prozess nicht völlig passiv ist. Entgegen einer vertikalen und von oben nach unten verlaufenden Vorstellung von Macht, die in dem Glauben besteht, dass das gesamte Wesen der Macht verstanden wird, wenn man sie als Handeln des Herrschenden gegenüber dem Beherrschten begreift, fordert die Analyse der Unterwerfung dazu auf, von unten nach oben zu gehen und die Macht als untrennbar von ihren Wirkungen und den Handlungen derer zu denken, die sich ihr unterwerfen.

Diese Umkehrung des Blicks auf die Macht beruht auf der – ursprünglich marxistischen, dann von Feministinnen aufgegriffenen – Vorstellung, dass die Perspektive, aus der man die gesellschaftliche Realität untersucht, die Erkenntnisse bestimmt, die man von dieser gesellschaftlichen Wahrheit gewinnt. Die Hypothese einer solchen Umkehrung der Perspektive lautet daher, dass man durch die Betrachtung der Machtbeziehungen aus der Sicht derer, die unterworfen sind, nicht nur eine zusätzliche und komplementäre Sicht der Machtverhältnisse erhält, sondern auch eine qualitativ bessere Erkenntnis der sozialen Welt erwirbt. Man wird nicht nur *mehr* Informationen haben, sondern die Informationen, die man haben wird, werden auch besser sein, weil sie nicht das Ergebnis einer Herrschaftsstrategie sind. Wie Marx und zeitgenössische Theoretiker der Herrschaft sowie James C. Scott zeigen, erlangt man, wenn man die Herrschaft nur aus der Sicht derer untersucht, die herrschen, bloß eine Darstellung der Herrschaft, die ihren Interessen dient. Dem amerikanischen Anthropologen James C. Scott zufolge gibt es eine Tendenz zu glauben, dass sich die Beherrschten der Herrschaft nicht widersetzen, weil man sich auf das stützt, was er als »öffentlichen Text« der Herrschaft bezeichnet, das heißt auf das, was öffentlich über Herrschaft gesagt wird und was einem »*Selbst*porträt der herrschenden Eliten, wie sie gerne gesehen werden möchten«,[5] entspricht. Interessiert man sich hingegen für die verschiedenen »verborgenen Texte«, das heißt für das, was unter anderen Aussagebedingungen gesagt wird, insbesondere unter den Beherrschten, wenn der Herrschende nicht anwesend ist, sieht man sehr viel komplexere Beziehungen und vor allem einen viel größeren Widerstand gegen die Herrschaft. Indem man nicht mehr den Blick des Herrschenden, sondern den des Unterworfenen auf die Macht einnimmt, indem man nach seiner Erfahrung fragt, gelangt man zu einer besseren Erkenntnis der Herrschaft.

Geschichte einer Umkehrung

Die Unterwerfung zu denken impliziert also, die Perspektive zu ändern, die man gewöhnlich gegenüber der Macht einnimmt. Um diesen Perspektivwechsel nachzuvollziehen, ist es nützlich, sich in Erinnerung zu rufen, wie er insbesondere in der Geschichte entstanden ist, um so zu verstehen, welche praktischen Probleme er aufwirft.

In den 1920er Jahren gründen Lucien Febvre und Marc Bloch in Frankreich eine Zeitschrift mit dem Titel *Annales d'histoire économique et sociale*, die den Anspruch hat, die Sozialgeschichte und Langzeitgeschichte zu fördern – gegen die Tendenz der damaligen Geschichtswissenschaft, eine politische und am Ereignis orientierte Geschichte zu betreiben, das heißt eine Geschichte, die vor allem eine Geschichte der Könige, Königreiche und Schlachten ist. Um diese Zeitschrift und diesen Anspruch herum, anstatt und anstelle der traditionellen ausschließlich politischen, militärischen und diplomatischen Geschichte eine »totale Geschichte« vorzulegen, entsteht allmählich das, was als Annales-Schule bezeichnet wird, die auch nach dem Krieg das historische Feld weiterhin strukturiert, so etwa die Arbeiten von Georges Duby oder Fernand Braudel. Auch wenn die Arbeiten, die von ihr ausgingen, zu unterschiedlich sind, um hier kommentiert zu werden, ist es doch wichtig zu begreifen, dass diese Historiker durch ihre Ablehnung der Ereignisgeschichte zugunsten einer längeren Zeitlichkeit, die bestrebt ist, die ökonomischen und sozialen Veränderungen der Gesellschaften zu untersuchen, einen neuen Blick auf die Macht eröffnet haben. Indem sie zeigte, dass es nicht reichte, das Tun und Lassen der Könige und Herren zu analysieren, um die Gesellschaften zu verstehen, die sie regierten, noch selbst ihre Macht über diese Gesellschaften, hat die Annales-Schule die Vorstellung entwickelt und verbreitet, dass die Macht zu verstehen impliziert, zu verstehen, wie diese Macht von den Bevölkerungen erlebt wurde. Schreibt man die Geschichte nicht mehr aus der Sicht derer, die herrschen, sondern indem man sich auf die Beschreibung und Analyse dessen konzentriert, was sich für die Leute, die die Macht erleben, im Alltag abspielt, erzielt man eine sehr viel umfassendere Erkenntnis ihrer Funktionsweise.

Diese Entwicklung im Fach Geschichte hatte enorme Konsequenzen für das philosophische Denken der Macht. So kann man die Arbeit von Michel Foucault in diese Tradition einreihen, angefangen beim ersten Band von *Sexualität und Wahrheit* und der Vorlesung von 1976 – also dem Jahr der Veröffentlichung von *Der Wille zum Wissen* – am Collège de France mit dem Titel »In Verteidigung der Gesellschaft«.[6] In diesem Seminar nimmt sich Foucault vor, einen Diskurs über die Macht in der Moderne zu untersuchen, der nicht der der Souveränität ist, den er als philosophisch-juridisch bezeichnet – die vom König ausgehende Macht über seine Untertanen –, sondern der Gegendiskurs, den er als historisch-politisch bezeichnet. Dabei wird der Krieg als kontinuierliche Grundlage der gesellschaftlichen Verhältnisse begriffen, selbst in Friedenszeiten. Dieser Diskurs ist nicht der der Souveränität, der befriedeten juristischen Ordnung, sondern ein Diskurs der Herrschaft und des fortwährenden Krieges zwischen Herrschenden und

Beherrschten. Foucault versucht eine Verschiebung vorzunehmen von *der* zentralen Macht, nämlich der Macht des Königs, zu *pluralen* Mächten, die lauter Kräfteverhältnisse sind, das heißt Wechselbeziehungen zwischen den Mitgliedern der Zivilgesellschaft. Die Unterwerfung nicht zu denken, indem man sie mit dem identifiziert, was La Boétie freiwillige Knechtschaft nennt, das heißt als blinden Gehorsam des Volkes gegenüber seinem König oder Tyrannen, sondern als Weise, in der die interindividuelle Herrschaft von jenen erlebt wird, über die sie ausgeübt wird, beruht auf einer Geste, die einer per Analyse vorgenommenen Rekonstruktion von Machtbeziehungen gleicht, die im Wesentlichen totgeschwiegen werden und dennoch die Gesellschaft strukturieren. Was uns am Begriff der Unterwerfung interessiert, ist gewissermaßen, die Foucault'sche Geste zu wiederholen: sich mehr für die Herrschaft als für die Souveränität zu interessieren und sich innerhalb der Herrschaft mehr für die zu interessieren, die sie erleben, als für die, die sie ausüben.

Was können wir über die Unterwerfung wissen?

Zu den Zielen und Mechanismen der Herrschaftsbeziehungen gehört, die Unterdrückten auf die Stille zu reduzieren und so dafür zu sorgen, dass ihre Erfahrung und ihr Standpunkt als minoritär oder, besser noch, gar nicht erscheinen. Das ist zum Beispiel in kolonisierten Räumen ganz klar der Fall: Einer der Mechanismen der Kolonisation besteht darin, dafür zu sorgen, dass sich die Sichtweise der Kolonialherren als Wahrheit durchsetzt, und zwar als die einzig verfügbare Wahrheit. Diese Reduktion auf die Stille vollzieht sich auf zweierlei Art: Zum einen folgt aus der sozialen Dominanz, dass den Dominierten häufig die notwendigen Voraussetzungen vorenthalten werden, um sich ausdrücken zu können – zum Beispiel der Zugang zu Bildung oder Kommunikationsmitteln. Zum anderen folgt aus der sozialen Dominanz, dass die Erfahrungen der Dominierten, auch wenn sie zum Ausdruck kämen, als falsch, schlecht, gefährlich und unmoralisch bezeichnet werden. Die Geschichte der Unterdrückten ist somit eine Geschichte, für die die Quellen fehlen, und wenn es sie gibt, sind sie bruchstückhaft und haben nicht die Qualität offizieller Quellen. Um diesem Problem abzuhelfen, betreiben Historiker wie Michel Foucault Geschichte auf der Grundlage von Quellen, die keine gewöhnlichen Quellen sind. Anstatt die Geschichte vor allem ausgehend von königlichen Handlungen, Gesetzen und Militärarchiven zu schreiben, geht es darum, die Quellen des Historikers zu diversifizieren und ausgehend von der Geschichte der Verwaltung wie auch von den Erzählungen der Akteure oder anderem Wissen, das Foucault als unterdrückt oder disqualifiziert bezeichnet, die Macht in ihren alltäglichen, lokalen, unendlich kleinen Dimensionen zum Vorschein zu bringen.

Die Unterwerfung, wie wir sie verstehen, das heißt als die Form, in der in einer interpersonellen Beziehung die Position der Unterlegenheit erlebt wird, und in Sonderheit die Unterwerfung der Frauen zu analysieren, bereitet besondere Probleme: Um die weibliche Unterwerfung zu analysieren, benötigt man Quellen über Individuen, denen historisch die Macht vorenthalten wird, über Beziehungen, die sich in der Privatsphäre abspielen, und über Beziehungen, bei denen sich die individuelle und die strukturelle Dimension verbinden. Die Arbeiten zur Geschichte der Frauen zeigen tatsächlich zunächst, dass die Geschichte der Frauen zu schreiben bedeutet, die Geschichte einer Abwesenheit zu schreiben: historisch haben die Frauen nicht die Macht, folglich wird in den Erzählungen von Königen und Schlachten nicht ihre Erfahrung berichtet. Schon 1818 erklärt Catherine, die Heldin von Jane Austens *Northhanger Abbey*:

> Aber Geschichte, wirkliche, feierliche Geschichte! Der kann ich nichts abgewinnen [...] Ich lese sie aus Pflichtgefühl, aber es ärgert und langweilt mich nur. Auf jeder Buchseite streiten die Priester und Könige mit Krieg und Pestilenz; die Männer sind alle Taugenichtse, und von Frauen ist kaum die Rede.[7]

Die Geschichte ist bis in die 1970er Jahre eine Geschichte des Lebens von Männern, die von Männern geschrieben wird. Die Geschichte der Frauen zu schreiben bestand zunächst in einer Entschleierung: Man musste sichtbar machen, was immer versteckt oder übergangen wurde.

Zweitens leben die Frauen nicht im öffentlichen, sondern im privaten Bereich. Traditionell wird jedoch in den Büchern der öffentliche Bereich beschrieben, auf den sich die Verwaltungsakten beziehen. Allgemein macht der Mangel an Quellen die Geschichte des privaten Lebens schwierig. Somit sieht man, dass der Analyse der weiblichen Erfahrung eine doppelte Stille im Wege steht: Die Frauen schreiben keine Geschichte, und sie sind nicht Teil des öffentlichen Bereichs, der derjenige Bereich ist, dessen Geschichte geschrieben wird. Die Frauengeschichte, die in den 1970er Jahren im Anschluss an die Pionierarbeit von Michelle Perrot[8] aufkommt, ist in erster Linie eine Geschichte des privaten Lebens und bringt die Herausforderungen einer solchen Geschichte mit sich. Diese Geschichte der Frauen verlangt ein Interesse fürs Alltägliche (dessen Schwierigkeiten wir teilweise bereits gesehen haben) und stützt sich auf Quellen, die nicht zu den klassischen Quellen der HistorikerInnen gehören, wie Biographien, die persönliche Literatur, partielle Spuren. Doch sind die Lebenserzählungen zum Beispiel wenig zuverlässige und sehr begrenzte Quellen. Nur Frauen, die die Mittel zum Schreiben haben und ihre Erfahrungen für wichtig und erzählenswert halten, erzählen sie, und man darf annehmen, dass ihre Erfahrungen für die Erfahrungen der Mehrheit der Frauen nicht repräsentativ sind.

Schließlich – und das ist sicher die komplexeste epistemologische Hürde – besteht das Spezifische der Machtbeziehungen, in denen sich die Frauen befinden, wie wir anhand der Beauvoir'schen Analyse gesehen haben, darin, dass sich die Frauen mit den Männern nicht in Herrschaftsbeziehungen von Klasse zu Klasse, sondern von Individuum zu Individuum befinden, die sehr wenig dokumentiert sind. Sie mögen als Arbeiterinnen, als schwarze Frauen, als Frauen niederer Kasten in gesellschaftlichen Herrschaftsverhältnissen von Gruppe zu Gruppe gefangen sein, doch als Frauen unterliegen sie einer Herrschaftsform, die zum Teil gesellschaftlich ist, aber vor allem in interindividuellen Beziehungen zum Ausdruck kommt.

Das erste Problem, das dies aufwirft, ist das folgende: Foucault und die Annales-Historiker interessieren sich vor allem für die politische Macht, das heißt für die Funktionsweise staatlicher Macht und für die Art und Weise, in der die Individuen ihr Widerstand leisten oder sich ihr im Gegenteil unterwerfen. Da die Macht, für die wir uns interessieren, nun aber nicht unmittelbar politisch ist – weil sie nicht die Macht eines Regierenden über Regierte ist –, ist es sehr viel schwieriger, zu dieser Macht Quellen zu finden: Ein Ehemann erstellt keine Regularien, um zu erreichen, dass seine Frau ihm gehorcht, folglich gibt es keine Spuren seiner Anordnungen.

Zweitens ist es wahrscheinlich, dass die gesellschaftlichen Hierarchien die interindividuellen Hierarchien beeinflussen und dass folglich bestimmte menschliche Wesen aufgrund von Phänomenen der gesellschaftlichen Unterdrückung, deren Opfer sie sind, (sehr viel) mehr Erfahrung mit der Unterwerfung machen als andere. Wenn man einer benachteiligten sozialen Klasse, einer rassialisierten Gruppe angehört, wenn man eine Frau, homosexuell, transgender ist, das heißt, wenn man in einer Position gesellschaftlicher Unterlegenheit ist, findet man sich wahrscheinlich eher in interindividuellen hierarchischen Beziehungen wieder, in denen man die unterlegene Position einnimmt.[9] Im Rahmen patriarchaler Gesellschaften, das heißt Gesellschaften, die durch die Beherrschung der Frauen durch die Männer strukturiert sind, ist die Erfahrung, die die Frauen mit der Unterwerfung machen, wenn sie sich den Männern unterwerfen, sowohl individuell – das heißt eine Unterwerfung eines Individuums unter ein anderes Individuum – als auch strukturell, insofern sie von der Gesellschaftsstruktur vorgegeben ist. Um sie zu verstehen, benötigt man somit Quellen zu einer Situation, die strukturell auf die Stille reduziert ist.

Können die Subalternen sprechen?

Dieses Problem wurde von der Denkrichtung der *subaltern studies* aufgebracht, die ursprünglich von einer Gruppe von HochschullehrerInnen in Südostasien und Indien,

SpezialistInnen für postkoloniale Studien, entwickelt wurden. Sie greifen den von dem italienischen marxistischen Denker Antonio Gramsci in seiner Theorie der kulturellen Hegemonie verwendeten Begriff des »Subalternen« wieder auf und befassen sich mit jenen, die in den südasiatischen Gesellschaften aufgrund ihrer Klasse, ihrer Kaste, ihres Alters oder ihres Geschlechts untergeordnet sind. In diesem Kontext schreibt Gayatri Spivak, eine indische Literaturwissenschaftlerin und Professorin an der Columbia Universität in den Vereinigten Staaten, den berühmten Aufsatz »Can the subaltern speak?«[10] Der Ausgangspunkt des Aufsatzes von Spivak ist ein Gespräch zwischen Gilles Deleuze und Michel Foucault, »Die Intellektuellen und die Macht«,[11] das 1972 stattfand. Das Gespräch zwischen den beiden Philosophen bezieht sich auf die Haltung des Intellektuellen im Rahmen der Infragestellung der Allmacht des Subjekts. Gemäß Deleuze sind die Kritik der Repräsentation, der sich Foucault angenommen hat, und das Aufzeigen der Verbindung von Wissen und Macht die ersten Schritte zu einer Revolution des Denkens der Macht, die lehrt, »wie nichtswürdig es ist, für die anderen zu sprechen«, und vor allem, wie unmöglich es für den Intellektuellen ist, für die Proletarier zu sprechen: »Die Theorie forderte, dass endlich die Betroffenen praktisch in eigener Verantwortung sprechen«.[12]

Gayatri Spivak setzt in ihrem berühmten dunklen Stil dazu an, diese Position von Deleuze und Foucault im Namen der Tatsache anzugreifen, dass sie »die Frage der Ideologie sowie ihre eigene Verwicklung in eine intellektuelle und ökonomische Geschichte systematisch ignorieren«.[13] Ihr zufolge sind sich die beiden Philosophen über ihre Widersprüche nicht im Klaren: Wenn sie zum Beispiel von *dem* Arbeiterkampf sprechen, ignorieren sie die internationale Arbeitsteilung; ihre Wertschätzung der Unterdrückten zeugt von einer Essentialisierung des *Arbeiters*, des *Werktätigen*, die genau die Art von Essentialisierung ist, gegen die sie sich anderswo bei den nicht unterdrückten Subjekten wenden. Tatsächlich, so Spivak, vertreten Deleuze und Foucault in ihrem Elfenbeinturm einen bestimmten Begriff von der Erfahrung der Unterdrückten, bei dem diese transparent und bewusst ist, während die Erfahrung der Nicht-Unterdrückten immer unter ihrem ideologischen Aspekt untersucht wird. Indem sie vorschlagen, sich damit zu begnügen, den Unterdrückten zuzuhören, tun sie so, als seien diese auf eine nichtideologische Weise konstruierte Subjekte.

Dies führt Spivak dazu, sich zu fragen, ob die subalternen[14] Frauen sprechen können und ob die Feministinnen sie hören können. Es geht darum, eine Spannung aufzuzeigen zwischen der Notwendigkeit, das Bewusstsein der subalternen Frau in der akademischen Arbeit, insbesondere der feministischen Arbeit, zu berücksichtigen, und der Tatsache, dass die Berücksichtigung dieses Bewusstseins zwangsläufig bedeutet, der subalternen Frau eine Subjektivität zuzuschreiben. Diese Zuschreibung einer Subjektivität, ähnlich der, die Spivak bei Deleuze und Foucault feststellt, wird nun aber offenkundig per se als eine epistemische Gewalt verstanden: Sie ist eine epistemische Gewalt, weil sie dem Bewusstsein der subalternen Frau eine bestimmte westliche Struktur aufzwingt, eine Struktur, die nicht die ihre ist. Folglich ist jeder Versuch, über die subalterne Frau zu sprechen und sie zum Reden zu bringen, durch die Zuschreibung einer Subjektivität ein Verrat an dem, was sie ist.

> In einem dermaßen befrachteten Feld ist es nicht leicht, die Frage nach dem Bewusstsein der subalternen Frauen zu stellen [...]. Auch wenn nicht alle feministischen und antisexistischen Projekte auf sie reduziert werden können: das Ignorieren dieser Frage ist eine uneingestandene politische Geste, die eine lange Geschichte hat und mit einer männlichen linken Haltung kollaboriert, die den Ort des Forschers transparent macht. Indem die postkolonialen Intellektuellen zu lernen versuchen, zu dem historisch zum Verstummen gebrachten Subjekt der subalternen Frau zu sprechen (anstatt ihm zuzuhören oder für es zu sprechen), »verlernen« sie *systematisch* die Privilegierung des Weiblichen.[15]

Aus der Sicht des Wissenschaftlers oder der Wissenschaftlerin besteht mithin ein Widerspruch zwischen dem Wunsch, das Wissen voranzubringen, und der epistemischen Gewalt, die dies verhindert. Gemäß Spivak kommt die Nichtberücksichtigung dieser epistemischen Gewalt und des Verrats der Hypothese einer möglichen transzendentalen Position des Wissenschaftlers gleich.

Spivaks Analyse ist für uns in mehrerlei Hinsicht wichtig. Erstens zeigt sie die Schwierigkeit einer jeden Arbeit über die Unterwerfung, insofern dies eine Arbeit über die erlebte Erfahrung jener ist, die nicht das Wort haben. In der Tat ist, wie wir gesehen haben, jede Arbeit, die sich auf Unterdrückte, Subalterne bezieht, das heißt auf Leute, über die eine Form von Herrschaft ausgeübt wird, mit einem Problem konfrontiert, das man im weitesten Sinne als Quellenproblem bezeichnen kann. Die Struktur der Herrschaft selbst impliziert, dass Personen, die beherrscht werden, zumindest in gewissem Maße des Zugangs zum Sprechen beraubt sind. Diese Beraubung kann das Faktum direkter Hindernisse sein (die Tatsache, keinen Zugang zu

Schulbildung oder Mitteln des Ausdrucks zu haben), aber sie kann auch indirekt sein und auf das Faktum zurückgehen, dass die Stimme der betreffenden Personen durch die Bedingungen des Diskurses selbst unhörbar gemacht wird.

Noch interessanter ist, dass Spivaks Analyse zeigt, dass nie die Bedingungen dafür erfüllt sind, dass die Erfahrung der Subalternen durch die akademische Arbeit vermittelt oder wiedergegeben wird, ohne dass sie durch diese Übersetzung grundsätzlich verraten wird. Dasselbe Problem stellt sich im Rahmen der Arbeit über die Unterwerfung: Zunächst einmal besteht die Gefahr einer Essentialisierung der Person, deren Erfahrung man beschreibt. Zu sagen, dass die Erfahrung einer Frau in einer bestimmten Situation eine Erfahrung der Unterwerfung ist, bedeutet in der Tat, Gefahr zu laufen, diese Frau zu einer Frau zu machen, deren Wesen darin besteht, unterwürfig zu sein. Der zweite Aspekt desselben Problems ist die noch tiefer gehende Frage nach dem notwendigen Verrat an der Erfahrung der Unterwerfung, indem man sie in einem Werk in Worte fasst, das sich per Definition als ein Vehikel der Befreiung versteht. Die einzige Lösung für dieses andauernde Problem, die aber keine ist, scheint in einem Satz von Spivak zu finden zu sein, wenn sie schreibt: »die postkolonialen Intellektuellen […] ›verlernen‹ […] die Privilegierung des Weiblichen«.[16] Es geht darum, sich zu bemühen, sein Privileg systematisch zu verlernen – ohne, aufgrund des Privilegs, davon auszugehen, dass man sich selbst nicht im Griff der Erfahrungen der Unterwerfung befindet.

Die Unterwerfung der Frauen ist somit philosophisch sehr schwer zu analysieren: Insofern sie eine alltägliche Erfahrung widerspiegelt, entzieht sie sich ständig der Analyse; da sie eine Umkehrung des Blicks auf die Macht erfordert, erscheint sie unmöglich, weil sie einerseits nur von den Unterdrückten geleistet werden kann und andererseits außerhalb ihrer Reichweite liegt, da die Unterdrückung gerade darin besteht, sie daran zu hindern, über ihre Erfahrungen zu sprechen und sie zu analysieren.

5
Die Erfahrung der Unterwerfung

Angesichts der augenscheinlich unlösbaren Probleme, die eine Analyse der Unterwerfung bereitet, wäre man versucht, »das Handtuch zu werfen«, doch Beauvoir zeigt uns einen originellen Weg, der es schließlich möglich macht, zu sehen, was die Unterwerfung ist.

Eine privilegierte Position

Die erste Originalität Beauvoirs besteht darin zu sagen, dass sie sich in einer bestimmten Position befindet, die ihr gestattet, die Unterwerfung und allgemeiner die Erfahrung der Frauen so sehen zu lassen, wie man sie noch nie gesehen hat. Tatsächlich ist Beauvoir eine Frau, und diese Eigenschaft kommt ihr als Erstes in den Sinn, als sie versucht, sich zu definieren (wir haben gesehen, dass sie *Das andere Geschlecht* im Übrigen schreibt, um dann denken zu können, was sie ist). Doch kann sie die *conditio feminina* nicht nur aufzeigen, weil sie eine Frau ist. Wenn Männer und Frauen gleichermaßen Richter und Partei sind, haben »die besten Voraussetzungen zur Klärung der Situation der Frau immer noch bestimmte Frauen«. Sie glaubt, dass bestimmte Frauen, zu denen sie gehört, in einer besonderen Situation sind: Sie sind Frauen und haben gleichzeitig »ihre Weiblichkeit schon nicht mehr als Behinderung oder Einschränkung zu empfinden brauchen«, so dass sie einerseits unmittelbarer begreifen, »was es für einen Menschen bedeutet, weiblich zu sein«, und andererseits haben sie gegenüber dieser Frage eine Art von Gelassenheit, die ihnen erlaubt zu »hoffen, dass [ihre] Haltung objektiv sein wird«, sie »können sich den Luxus der Unparteilichkeit leisten«.[1] Beauvoir hebt diese privilegierte Position in ihren Memoiren hervor:

> Weit davon entfernt, unter meiner Weiblichkeit zu leiden, habe ich eher von meinem zwanzigsten Lebensjahr an die Vorteile beider Geschlechter genossen. Nach dem Erscheinen von *L'Invitée* behandelte mich meine Umgebung gleichzeitig als einen Schriftsteller und als eine Frau. Besonders auffällig war das in Amerika. Bei Empfängen und Parties standen die verheirateten Frauen beisammen und plauderten miteinander, während ich mich mit den Männern unterhielt, die mich höflicher behandelten als ihre Geschlechtsgenossen. Es war aber gerade diese bevorzugte Stellung, die mich ermutigte, *Le deuxième Sexe* zu schreiben. Sie erlaubte es mir, mich in völliger Gelassenheit zu äußern.[2]

Freilich kann man an dem Tatbestand, dass Beauvoir von ihren Gefährten die ganze Zeit als Gleiche behandelt worden sei, einige Zweifel haben und mehr noch an der Vorstellung, dass sie ihre Weiblichkeit nie als Hindernis empfunden habe. Zahlreiche Passagen ihrer *Memoiren einer Tochter aus gutem Hause* widersprechen dem. Nichtsdestotrotz ist die Art und Weise, wie sie auf dieses Problem reagiert, sehr interessant: Aufgrund ihrer Position einer Frau ist sie in einer Welt von Frauen aufgewachsen, sie hat in der ersten Person erfahren, wie es ist, eine Frau zu sein, und sie hatte zu den verschiedenen weiblichen Erfahrungen einen unmittelbareren Zugang als die meisten Männer. Ihre Bildung, das Leben einer Intellektuellen, das sie führt, ihre Situation als Schriftstellerin eröffnen ihr Möglichkeiten, über die die Frauen normalerweise nicht verfügen.

Als sie erklärt, weshalb die Frauen solche Schwierigkeiten haben, schöpferische Genies zu sein, sagt sie, die Kreativität sei ein »Versuch, die Welt von neuem auf einer menschlichen Freiheit, der des Schöpfers, aufzubauen. Man muß sich zunächst ganz unzweideutig als eine Freiheit setzen, um eine solche Anmaßung zu nähren«.[3] Es bedarf eines sehr großen Vertrauens in die Legitimität des eigenen Platzes in der Welt, um die für die Kreativität notwendige Prätention zu haben. Doch Beauvoir befindet sich in einer besonderen Situation: ihre Bildung und ihre persönlichen Eigenschaften gaben ihr die Möglichkeit zu einer solchen Prätention, die den Frauen gewöhnlich verschlossen ist. Im Allgemeinen haben die Frauen aufgrund der männlichen Dominanz weder die Möglichkeit, noch kommen sie auf die Idee, sich auszudrücken, da ihre Erfahrung von vornherein als unbedeutend angesehen wird. Beauvoir ist eine Frau, doch ließ man sie – nicht zuletzt aufgrund der finanziellen Schwierigkeiten ihres Vaters – wie einen Mann studieren und wie einen Mann brillieren, und zwar in einem solchen Maße, dass sie in ihrer Erfahrung eine Frau ist und gleichzeitig ein Mann, insofern ihre Existenz in der Welt Bedeutung hat.

Somit ist klar, dass sich Beauvoir an der wenig wahrscheinlichen Schnittlinie der sozialen Situation einer Unterdrückten befindet, die ihr Zugang zu einer bestimmten Wahrheit der sozialen Realität gewährt, die gewöhnlich verborgen ist, und eines gesellschaftlichen Privilegs, das ihr erlaubt, zu denken, zu schreiben und gelesen und gehört zu werden. Diese Doppelposition erlaubt ihr, nicht wie die Subalternen Spivaks auf die Stille reduziert zu sein, sondern eine Sicht der Welt zum Ausdruck bringen zu können und gleichzeitig Seiten des Lebens zum Vorschein zu bringen, die die männlichen Philosophen nicht sehen können oder wollen.

Wie wir gesehen haben, entzieht sich das gewöhnliche Leben tatsächlich häufig der Philosophie, nicht nur weil es zu bedeutungslos erscheint, als dass sich die Philosophen dafür interessieren, sondern auch weil sie durch ihre gesellschaftliche Stellung dem Gewöhnlichen nicht ausgesetzt sind. Zum Beispiel zeigen feministische epistemologische Studien, die unter anderem die Art und Weise untersuchen, in der die Männer und die Frauen Zugang zu verschiedenen Kenntnissen haben, Folgendes: Ebenso wie ein Mechaniker die mechanischen Probleme eines Motors, den er betrachtet, besser sieht als ein Nicht-Mechaniker, *sehen* die Frauen bestimmte Dinge, die die Männer aufgrund der geschlechtsspezifischen Teilung der häuslichen Arbeit nicht sehen. Da die Frauen fürs Aufräumen und Putzen zuständig sind, sehen sie zum Beispiel die schmutzigen Strümpfe, die die Männer nicht einmal bemerken. Es ist nicht so, dass sie von Natur aus besser in der Lage wären, die zu waschende Wäsche wahrzunehmen, oder dass die Männer für die Hausarbeit blind sind, doch hat die Wahrnehmung eine soziale Dimension, die die geschlechtsspezifische Arbeitsteilung beeinflusst.

Als Frau und insofern Frauen traditionell für das häusliche Leben zuständig sind, lässt Beauvoir somit das Alltagsleben in seiner ganzen Komplexität aufscheinen, von den philosophischen Problemen, die die Hausarbeit und die Küche aufwerfen, bis hin zu den Herausforderungen, die die Menstruation und die Pubertät für die Körpererfahrung darstellen. Schließlich erlaubt diese Sonderstellung Beauvoir, die weibliche Unterwerfung in einer besonders zugespitzten Form zu erfassen: Während sie als Frau bei sich und bei den Frauen um sie herum eine Lust an der Hingabe und Entsagung erkennt, nimmt sie als existentialistische Intellektuelle, deren Grundwert die Freiheit ist, am Anblick weiblicher Unterwerfung Anstoß. Diese Spannung zwischen der Versuchung der Unterwerfung, die sie zum Beispiel in den *Memoiren einer Tochter aus gutem Hause* bei sich selbst herausstellt, und dem Reflex der Ablehnung und Verurteilung der Unterwerfung, der immer wieder auftritt, wenn sie zum Beispiel im *Anderen Geschlecht* die Frau von innen beschreibt, ist genau das, was ihr erlaubt, die Unterwerfung in ihrer Komplexität erscheinen zu lassen und ihre Analyse zu fordern.

Eine originelle phänomenologische Methode

Auch wenn ihre Stellung ihr erlaubt, die Erfahrung der Frauen, und zwar insbesondere die, die sie mit der Unterwerfung machen, auf eine entschieden neue Weise zu sehen und sehen zu lassen, muss sie doch auch eine entsprechende Methode vorlegen, um die Probleme zu lösen, die sowohl das Gewöhnliche als auch die Bottom-up-Analyse der Macht aufwerfen. Hierzu lehnt sie sich an die Phänomenologie an,[4] die eine Strömung und zugleich eine philosophische Methode ist. Auch wenn andere Philosophen den Begriff vor ihm verwendet haben, wurde die Phänomenologie als Disziplin Ende des 19. Jahrhunderts mit dem deutschen Philosophen Edmund Husserl geboren und entwickelte sich im Laufe des 20. Jahrhunderts in viele, sich auch widersprechende Richtungen.

Das Erbe des Aprikosencocktails

Als Husserl die Phänomenologie begründet, hat er den Anspruch, eine Wissenschaft der subjektiven Erfahrung vorzulegen, durch die die Philosophie zu den Sachen selbst zurückkehren soll. Zu diesem Zweck interessiert sich Husserl für die Art und Weise, wie das Bewusstsein erlebt wird, das heißt für das Bewusstsein in der ersten Person. Zum Beispiel geht es darum, sich zu fragen, was Sehen, Hören, Fühlen, aber auch Laufen und Sprechen für das Subjekt ist, das diese Erfahrung erlebt. Beauvoir erzählt in ihren Memoiren, wie sie und Sartre zum ersten Mal von Husserl hörten: Raymond Aron, der gerade von einem Aufenthalt in Berlin zurückgekehrt war, wo er Husserl entdeckt hatte, zeigt auf den Aprikosencocktail vor sich und sagt zu Sartre: »Siehst du, mon petit camarade, wenn du Phänomenologe bist, kannst du über diesen Cocktail reden, und es ist Philosophie!« Diese Episode führt Sartre zu der Überzeugung, dass die Phänomenologie die Methode ist, die ihm erlauben wird, »über den nächstbesten Gegenstand [zu reden], und es ist Philosophie«. Für ihn wie für Beauvoir wird es möglich werden, zugleich die »Souveränität des Bewusstseins« und die »Präsenz der Welt« zu bejahen.[5]

Über diese Anekdote hinaus nimmt Beauvoir von Husserl mehrere Dinge auf: Erstens untersucht die Phänomenologie gelebte Erfahrungen und zeigt, dass sie Zugang zu so etwas wie der Bedeutung der Welt ermöglichen. Beauvoir greift diese Idee auf, indem sie dem zweiten Buch von *Das andere Geschlecht* den Titel »Gelebte Erfahrung« gibt, was eine direkte Übersetzung des Husserlschen Begriffs des »Erlebnisses« ist. Die Botschaft ist klar: Für sie wird es darum gehen, die von den Frauen gelebten Erfahrungen zu studieren, um Zugang zu dem zu erlangen, was die Realität »Frau« in der Welt bedeutet. Auf der Grundlage vielfältiger Erfahrungen, die sie zusammenträgt und analysiert, wird man verstehen können, was eine Frau ist, und zwar nicht mehr nur aus der Perspektive der Männer – die die einzige Perspektive ist, die üblicherweise berücksichtigt wird –, sondern aus der Perspektive und Erfahrung der Frauen.

Die zweite Lehre, die Beauvoir von Husserl aufnimmt, ist die von dieser Fokussierung auf die gelebte Erfahrung nicht zu trennende zentrale Stellung der ersten Person. Die Phänomenologie interessiert sich in all ihren Formen für das Bewusstsein und die Erfahrungen als Erfahrungen in der ersten Person, als Erfahrungen, die von einem Subjekt gemacht und aus der Sicht dieses Subjekts analysiert werden. Eine der zentralen Ideen der Phänomenologie ist, dass jeder Bewusstseinsakt ein intentionaler Akt ist, das heißt, dass er auf die Welt ausgerichtet ist. Im Kontext der Reflexion über die Frage, was es bedeuten kann, eine Frau zu sein, hat der Rekurs auf die erste Person eine besondere Bedeutung: Wie Beauvoir im ersten Buch zeigt, geht die Art und Weise, in der die Transformation der Frau durch den Mann in ein Anderes zum Ausdruck kommt, auf die Art und Weise zurück, in der die Männer sich der Objektivität und der dritten Person bemächtigt haben. Somit ist die Einnahme der ersten Person per se ein starker, feministischer Akt.

Schließlich gelingt es Beauvoir dank Husserl und seinen Erben, eines der Elemente zum Vorschein zu bringen, das für jede Philosophie des Gewöhnlichen wichtig ist: die Rolle des Körpers. Husserl geht in den *Ideen II* von der Tatsache aus, dass es zwei Weisen der Erfahrung materieller Körper gibt: als bloß physische Dinge oder als lebendige Körper. Während die Wissenschaft die materiellen Körper als bloß physikalische Dinge betrachtet – zum Beispiel fragt man sich in der Physik, mit welcher Geschwindigkeit sich ein Körper im Raum bewegt, man misst diese Geschwindigkeit, man stellt Gesetze auf –, begreift die natürliche Einstellung den Körper als lebendig, was eine grundlegend andere Vorstellung ist als die wissenschaftliche Vorstellung. Der lebendige Körper unterscheidet sich vom physikalischen Körper auf vier verschiedene Weisen: Der lebendige Körper erscheint als ein Empfindungsfeld, als Ausgangspunkt jeglicher spontanen Bewegung, er fungiert als Fixpunkt unserer Orientierung im Raum und hat an Kausalbeziehungen teil. In späteren Arbeiten stellt Husserl eine Liste von phänomenologischen Problemen auf, die zu studieren sind: Er nennt das Problem von Tod und Geburt, das Problem des Unbewussten, das Problem der Historizität und des sozialen Lebens und schließlich das, was er als »das Problem der Geschlechter« bezeichnet.[6] Mit dem Platz, den sie in ihrer Analyse dem gelebten Körper einräumt und auf den wir noch zurückkommen werden, reiht sich Beauvoir methodisch, aber auch thematisch klar in die Tradition des späten Husserl und seiner Erben ein, allen voran Maurice Merleau-Ponty.

Die Originalität der Beauvoir'schen Methode

Ausgehend von diesem Erbe entwickelt Beauvoir in *Das andere Geschlecht* eine phänomenologische Methode, die darin besteht, der Beschreibung vieler ersten Personen einen entscheidenden Platz einzuräumen. Am Ende der Einleitung von *Das andere Geschlecht* nimmt sie sich vor, »die Welt aus der Sicht der Frauen [zu] beschreiben«.[7] Wenn das erste Buch, das sich damit befasst, wie die Frau von den Männern als das Andere konstituiert wurde, zu verstehen erlaubt, wie es dazu kam, dass die Unterwerfung als Schicksal der Frau erscheint, ist das Thema des zweiten Buchs, diese Unterwerfung aus der Sicht der gelebten Erfahrung der Frauen zu beschreiben. Insofern stellt *Das andere Geschlecht* für jemanden, der sich für die Unterwerfung der Frauen und ihre eventuelle Einwilligung in diese Unterwerfung interessiert, eine unschätzbar wichtige Quelle dar, da es die erste phänomenologische Analyse der Unterwerfung der Frauen ist.

Diese Analyse erlaubt, ein für alle Mal mit dem Verdacht einer paternalistischen, überheblichen oder imperialistischen Herangehensweise an die Unterwerfung Schluss zu machen: Mit der Beauvoir'schen Analyse wird deutlich, dass die Unterwerfung keine Sache armer indischer Frauen ist, denen alles verwehrt wird, oder muslimischer Frauen, die durch das Tragen des Schleiers angeblich zeigen, wie schwach ihr Wunsch nach Freiheit ist. Indem Beauvoir im Gegenteil eine Phänomenologie der von allen Frauen in jedem Alter und in allen Situationen gelebten Erfahrung der Unterwerfung vorlegt, stellt sie klar den allgemeinen und nahezu universellen Charakter der weiblichen Unterwerfung heraus. Dieser Charakter resultiert nicht aus einer universellen Vorliebe der Frauen für die Unterwerfung, sondern aus der Tatsache – die das erste Buch festgestellt hat –, dass die Welt, in die die menschlichen Wesen weiblichen Geschlechts geboren werden, immer schon durch eine Norm der Weiblichkeit strukturiert ist, die eine Norm der Unterwerfung ist.

Das zweite Buch des *Anderen Geschlechts* ist für jemanden, der es gewohnt ist, philosophische Werke zu lesen, überraschend: Auf über sechshundert Seiten trägt Beauvoir in einer Fülle von Fakten und Details persönliche Erfahrungen, Auszüge aus literarischen und wissenschaftlichen Werken, Zeugnisse zusammen, um eine Beschreibung des »herkömmlichen Los[es] der Frau« vorzulegen.

> Wie sie ihr Frausein erlernt, wie sie es empfindet, in welches Universum sie eingeschlossen ist und welche Fluchten ihr erlaubt sind, all das werde ich zu beschreiben versuchen.[8]

Die Beschreibung des Frauseins versteht Beauvoir als notwendige Voraussetzung, um jegliche Emanzipation der Frauen zu denken.[9]

Diese Beschreibung ist auf drei Ebenen von Grund auf neu: Erstens beschreibt sie das Leben von Frauen in seiner Komplexität und Diversität, was bis dahin noch nie gemacht wurde. Zweitens ist sie neuartig, weil sie deren Leben nicht aus der Außensicht beschreibt, sondern so, *wie sie es erleben*. Im Allgemeinen wird das Leben der Frauen, wie das erste Buch gezeigt hat, nur aus der Sicht der Männer analysiert oder kommentiert. Die Frauen werden immer als Objekt – als Untersuchungsobjekt und Sexualobjekt – betrachtet. Im *Anderen Geschlecht* erscheinen die Frauen zum ersten Mal als eine Vielheit von Subjekten. Dabei ist Beauvoir Phänomenologin, insofern sie sich auf die in der ersten Person gemachten Erfahrungen stützt, doch ist sie eine neuartige Phänomenologin, da sie die Quellen der Erzählung in der ersten Person vervielfacht.

Dieses Charakteristikum ist nicht zu trennen von der dritten Ebene ihrer Neuartigkeit, die sich aus der Position von Beauvoir selbst ergibt. Anders als Sartre und andere Phänomenologen verwendet Beauvoir nicht die erste Person, um die gelebte Erfahrung der Frauen zu beschreiben, womit sie deutlich macht, dass es nicht um ihre individuelle Erfahrung geht. Im Gegensatz zu dem, was der Schriftsteller François Mauriac zu verstehen gab, als er an Roger Stéphane, einen Mitarbeiter der *Temps modernes*, schrieb: »Nun weiß ich alles über die Vagina Ihrer Chefin«,[10] verwendet Beauvoir die dritte Person, um die Erfahrungen der Frauen zu beschreiben, und die Strenge, mit der sie sie zuweilen beurteilt, zeigt, dass diese Beschreibungen nicht autobiographisch sind. Sie gehen auf akribische Recherchen zurück, die sich auf eine Vielzahl von Tagebüchern, Memoiren berühmter Frauen, psychologische und soziologische Studien erstrecken. Gleichzeitig ist ganz klar, und dies nimmt sie auch für sich in Anspruch, dass Beauvoir, etwa im Unterschied zu einem Soziologen, der sich im Allgemeinen in der Position der Exteriorität gegenüber dem befindet, was er beschreibt, Richter und Partei ist. Wenn sie das Alltagsleben der Hausfrau oder die Erfahrung der Mutterschaft beschreibt, beschreibt sie nicht ihre eigenen Erfahrungen; dieses Buch ist die Frucht einer sehr umfangreichen dokumentarischen Arbeit. Doch ist ihre persönliche Erfahrung eine der Quellen, auf die sich ihre Beschreibung gründet. Das sieht man zum Beispiel, wenn man sich im *Anderen Geschlecht* ihre Ausführungen über die Träume eines junges Mädchens vom Märchenprinzen und die Art und Weise ansieht, wie Beauvoir in den *Memoiren einer Tochter aus gutem Hause* von ihren eigenen Jugendphantasien erzählt.

Hier ist die Originalität Beauvoirs offensichtlich: Die Analysen, die sie vorlegt, sind weder einfache Verallgemeinerungen einer individuellen Erfahrung – was beispielsweise in der Sartre'schen Phänomenologie oft der Fall ist – noch wissenschaftliche, distanzierte, objektive Untersuchungen der Erfahrungen anderer. Beauvoir nutzt ihre persönlichen Erfahrungen, die Erfahrungen ihrer Freundinnen und ihre

Beobachtungen des Alltagslebens[11] sowie literarische Werke und wissenschaftliche Studien, um aus einer Vielzahl von Leben und Erfahrungen in der ersten Person zu verallgemeinern und Erfahrungs- und Figurentypen herauszuarbeiten. Ihre Darlegungen haben somit weder die Schwächen einer subjektivistischen und partikulären Analyse noch die der männlichen Analyse, die die Erfahrungen in der Hypothese von einem weiblichen Wesen erstarren lassen. Beauvoir stellt gegen das »Ewigweibliche«, das gerne als universal, feststehend und ahistorisch erscheinen will, singuläre Erfahrungen heraus, die, nebeneinandergestellt, keine Einzelfälle sind, sondern singuläre Deklinationen der Erfahrung dessen, was es heißt, eine Frau zu sein, in der ersten Person. Diese Multiplizierung der Sichtweisen ist vor allem deshalb wichtig, weil sie erlaubt, die Besonderheiten dieses oder jenes Individuums, dieser oder jener Situation auszulöschen, um eine allgemeinere Erfahrung zum Vorschein zu bringen. Die Phänomenologie hat für Beauvoir nicht, wie das, wenn auch auf verschiedene Weise, bei Husserl, Heidegger und Sartre der Fall ist, die Funktion, eine Philosophie der Erkenntnis oder der Welt als solche vorzulegen, sondern wird in den Dienst der Analyse einer spezifischen Situation gestellt, die Situation der Frauen, die nur durch die Beschreibung von Erfahrungen in der ersten Person zugänglich ist.

Beauvoir bringt die phänomenologische Methode mit einer marxistischen Herangehensweise an die soziale Welt zusammen und entwickelt so eine Methode, die ihr zu berichten erlaubt, wie die Situation der Frauen von ihnen erlebt wird. Von Heidegger entlehnt sie die Vorstellung, dass die Situation der Einzelnen immer schon eine Bedeutung hat, über die sie nur teilweise die Kontrolle haben. Sie lehnt es ab, sich strikt mit der Sicht des Individuums selbst zu begnügen,[12] da sie im Gegenteil die Quellen der Unterwerfung vervielfacht: Indem sie verschiedene gelebte Erfahrungen derselben Situation darlegt, zeigt sie, dass diese Situation eine Gegebenheit, ein Schicksal ist, wozu die Frau Position beziehen muss. Indem sie sich hinsichtlich der Situation der Frauen für den Einfluss des rechtlichen Rahmens und der ökonomischen Strukturen interessiert,[13] macht sie mit der marxistischen Idee ernst, dass eine Analyse der Infrastruktur und des Überbaus notwendig ist, um interindividuelle Beziehungen zu verstehen, ohne deshalb die existentielle Dimension dieser Beziehungen aufzugeben.[14] In diesem zweiten Buch legt Beauvoir somit eine eigene Phänomenologie vor, die aus der Aneignung verschiedener Komponenten der existentiellen Phänomenologie hervorgeht und ihr ermöglicht, die methodologischen Probleme des Herangehens an die Unterwerfung der Frauen zu lösen.

Weshalb die Phänomenologie?

Die phänomenologische Methode erlaubt Simone de Beauvoir, eine Analyse der Unterwerfung der Frauen vorzulegen, die die männliche Geste der Objektivierung nicht reproduziert und zumindest teilweise dem Problem begegnet, das die Reduzierung der Stimme der Beherrschten auf die Stille aufwirft. Zum einen gestattet die phänomenologische Methode per se, eine Perspektive einzunehmen, die nicht absteigend ist, sondern zu den Erfahrungen der Akteure aufsteigt, zum anderen gestattet sie, Regularitäten zum Vorschein zu bringen und implizit den Frauen zu zeigen, dass ihre persönliche Erfahrung, die sie für singulär halten, in Wirklichkeit weithin geteilt wird und dass das Persönliche politisch ist.

Die Stille der Unterdrückten

Nach der Unterwerfung zu fragen besteht, wie wir gesehen haben, darin, die Herrschaftsbeziehung aus der Sicht des- oder derjenigen zu analysieren, der oder die sich in der Position der Unterlegenheit befindet. Es besteht mithin zum Teil darin, zu fragen, wie diese Position der Unterlegenheit erlebt und analysiert wird. Wie wir jedoch gesehen haben, ist die Bereitstellung eines *Bottom-up*-Ansatzes für die Erfahrung von Menschen, deren Situation als Unterdrückte sie auf die Stille reduziert, methodologisch ein schwieriges Problem.[15]

Indem Beauvoir die phänomenologische Methode aufgreift, vermag sie einen Ausweg aus diesem Problem zu finden.[16] Wie heute die Anwendung der Phänomenologie in humanwissenschaftlichen Arbeiten zeigt, kehrt die Phänomenologie den üblichen Gang der Analyse um. Wo der Forscher gewöhnlich zwischen Individuen nach objektiven Regularitäten sucht, wo er sich vor jeglicher Subjektivität hütet, die die Neutralität seiner Perspektive trüben würde, funktioniert die Phänomenologie andersherum: Sie beginnt bei der persönlichen Erfahrung oder den subjektiven Erfahrungen anderer Individuen und geht von den inneren Erfahrungen zu einer analytischen Bewegung über, die als eine Bewegung der Exteriorisation konzipiert ist. Wie Bruno Frère und Sébastien Laoureux in ihrem Buch über die Anwendung der Phänomenologie in den Humanwissenschaften zeigen, ist diese Anwendung

> fast überall in den Humanwissenschaften eine Antwort auf den Wunsch, mit Ansätzen zu brechen, die die Welt, die Räume und Subjekte von oben betrachten. Jenseits der großen Strukturen, die das Leben ausmachen (das Unbewusste, das Soziale, das Politische), versucht man zu erfassen, was im Hier und Jetzt Bedeutung stiftet, bevor die Existenz von allgemeinen Rahmen postuliert wird, die es ans Licht zu bringen gelte. Das Singuläre zeugt vom Universellen, doch um es zu zeigen, muss man sich in das Erlebte der Menschen vertiefen, das sich aus den unmittelbaren Beziehungen zum Körper, zu den Tieren, zu den Dingen und zu anderen entspinnt. Die Phänomenologie scheint die stichhaltigste Perspektive zu sein, um den Stoff dieses Erlebten und seinen verallgemeinerbaren Gehalt in seiner ganzen Schärfe herauszuschälen.[17]

Indem sie zahlreiche Zeugnisse wiedergibt, die sie in persönlichen Gesprächen, in Memoiren, in literarischen und wissenschaftlichen Texten gesammelt hat, gelingt es Beauvoir so, in gewissem Maße mit der Phänomenologie die gewöhnlich auf die Stille reduzierte Stimme unterwürfiger Frauen hervorkommen zu lassen.

Die Sozialstruktur

Dabei verwendet Beauvoir die Phänomenologie in einer originellen Weise, denn sie begnügt sich nicht damit, ihr die Offenlegung individueller Erfahrungen zuzuschreiben: Die Phänomenologie erlaubt ihr gerade auch zu zeigen, wie die »großen Strukturen, die das Leben ausmachen«, funktionieren und wie sie von Einzelpersonen gelebt werden. Beauvoir hält so das Individuum und die Struktur in einem ständigen Hin und Her zusammen: Im zweiten Buch wird die Phänomenologie in den Dienst der Erforschung des traditionellen Schicksals der Frauen gestellt, das heißt der Art und Weise, wie sie als Individuen durch die männliche Dominanz strukturiert sind.

Die Phänomenologie wird gleichzeitig in den Dienst eines induktiven aufsteigenden Ansatzes gestellt – bei dem die allgemeine Situation der Frau ausgehend von Einzelfällen erfasst wird – und in den Dienst eines absteigenden Ansatzes – bei dem erfasst wird, wie die allgemeine Situation der Frau die gelebten Erfahrungen der einzelnen Frauen beeinflusst. Das erste Buch mit dem Titel »Fakten und Mythen« beantwortet die Frage »Was ist eine Frau?« aus der altgewohnten Sicht, die die Frau als das Andere betrachtet, das heißt aus der männlichen Sicht. Das zweite Buch, »Gelebte Erfahrung«, beginnt mit einem vollständigen Wechsel der Perspektive und Sicht, da sich Beauvoir der Phänomenologie bedient, um zu analysieren, was eine Frau zu sein *ausmacht*. Die Einnahme dieser beiden Sichtweisen wird durch die Ansicht gerechtfertigt, dass die Grundfrage »Was ist eine Frau?« nicht abstrakt, unter Absehung von der Gesellschaft, in der sie gestellt wird, beantwortet werden kann. Man kann sich kein transzendentales Subjekt außerhalb der Geschlechterdifferenz vorstellen, das diese objektiv analysieren könnte. Eine Frau ist im Kontext männlicher Dominanz, in dem Beauvoir schreibt und verortet ist, das, was eine Frau für die Männer ist und was diese Vorstellung der Männer mit den Frauen macht. Beauvoir erklärt diese doppelte Sichtweise in der Einleitung folgendermaßen:

> Deshalb wollen wir zunächst die Einstellungen der Biologie, der Psychoanalyse und des historischen Materialismus zum Thema Frau erörtern. Anschließend werden

> wir anhand von Beispielen zu zeigen versuchen, wie die »weibliche Realität« sich konstituiert hat, warum die Frau als das Andere definiert wurde und welche Konsequenzen dies aus der Sicht der Männer hatte. Im Zweiten Buch werden wir die Welt aus der Sicht der Frauen beschreiben: wir werden die Schwierigkeiten verstehen können, auf die sie bei ihrem Versuch stoßen, aus der ihnen bisher zugewiesenen Sphäre auszubrechen und am menschlichen *Mitsein* teilzunehmen.[18]

Im zweiten Buch erlaubt die Phänomenologie, gleichzeitig zwei Phänomene zu beleuchten: die Art und Weise, wie die Sicht der Männer von oben nach unten die gelebte Erfahrung der Frauen strukturiert, aber auch, durch Induktion, die Realität der Erfahrung der Unterwerfung; was die Unterwerfung ist und wie sich diese Unterwerfung durch die äußere Strukturierung ihrer Situation eines absolut Anderen seitens der Männer in die Körper, das Denken, die Gefühle, kurz in die gelebten Erfahrungen der Frauen einschreibt.

Dieser Punkt ist zweifellos einer der komplexesten und auch interessantesten Punkte der Beauvoir'schen Aneignung der Phänomenologie: Beauvoir gibt sich nicht damit zufrieden, wie eine Soziologin das Frausein zu beschreiben, noch selbst ihre gelebte Erfahrung. Die Frau, die in jedem Kapitel beschrieben wird, ist keine Art Generalisierung der Frauen, die sich in dieser Situation befinden; was in jedem Kapitel beschrieben wird, ist gewissermaßen das Heidegger'sche »Man« von jeder dieser Situationen, das heißt die Weise, wie sich die Frau gemäß den geltenden gesellschaftlichen Normen verhalten sollte, und die Weise, wie sie die Erfahrung dieser Situation machen sollte. Gewiss entspricht das, was sie beschreibt, auch der Weise, wie sich die Frauen im Durchschnitt verhalten, doch ist das genau deshalb so, weil jede gesellschaftliche Norm, wenn sie als Norm im präskriptiven Sinne fungiert, schließlich das beschreibt, was statistisch gesehen normal ist. Aus der Beauvoir'schen Perspektive ist es dennoch sehr wichtig, zu bedenken, dass die beschriebenen Erfahrungen solche sind, die den Frauen auferlegt werden, und nicht Erfahrungen, die die Frauen leben, selbst wenn sich diese Erfahrungen faktisch überschneiden oder identisch sind. Die Tatsache, dass Beauvoir die Kapitel der ersten drei Teile des zweiten Buches klar als Beschreibung eines den Frauen auferlegten Schicksals versteht, in das sie immer schon geworfen sind, rechtfertigt in den Augen Beauvoirs in der Tat, dass sie über diese Erfahrungen ein Urteil fällt.

> Da die Hausarbeit sich aber darin erschöpft, den *status quo* aufrechtzuerhalten, fällt dem Ehemann, wenn er nach Hause kommt, immer nur das Unordentliche oder Vernachlässigte auf, während Sauberkeit und Ordnung ihm von selbst zu kommen scheinen. Ein regeres Interesse bringt er dem guten Essen entgegen. Die Köchin erlebt ihre große Stunde in dem Moment, in dem sie ein gelungenes Gericht auf den Tisch stellt: der Mann, die Kinder, alle wenden sich ihr zu und machen ihr Komplimente, nicht nur mit Worten, sondern auch indem sie vergnügt zulangen. […] Erst im Gaumen derer, die das Essen kosten, findet die Arbeit der Köchin ihre Wahrheit. Die Hausfrau braucht die Zustimmung der Personen, die sich um den Tisch versammeln. Sie verlangt, daß die Anwesenden das Essen mögen, daß sie einen »Nachschlag« nehmen, und sie ärgert sich, wenn der Appetit ausbleibt. Am Ende weiß man gar nicht mehr so recht, wer eigentlich für wen bestimmt ist: die Bratkartoffeln für den Mann oder der Mann für die Bratkartoffeln. Diese Doppeldeutigkeit ist bezeichnend für die gesamte Haltung der nicht berufstätigen Hausfrau.[19]

In dieser Beschreibung erscheint die Hausfrau ein wenig lächerlich, sie hat überzogene Erwartungen, reagiert unangemessen, und Beauvoir scheint die Doppeldeutigkeit ihres Verhaltens etwas zu verspotten. Erst wenn man ihren spezifischen Gebrauch der Phänomenologie versteht, erhält der Umstand, dass Beauvoir diese Frauen immer wieder zu beurteilen scheint, seine wahre Bedeutung: Sicherlich nimmt Beauvoir eine Position der Exteriorität ein, doch diese Position ist keine der Überlegenheit. Beauvoir urteilt nicht über reale Frauen, die sich selbst belügen; sie urteilt streng über das Verhalten der Frauen, das durch die Strukturierung des Schicksals der Frauen durch Männer vorgegeben wird.

Die Unterwerfung ist ein Schicksal

In dieser Hinsicht lässt die phänomenologische Methode sowohl für die Beauvoir'sche Analyse als auch für unsere Untersuchung einen entscheidenden Punkt hervortreten: Indem Beauvoir das traditionelle Schicksal der Frauen analysiert, zeigt sie, dass Frauen in jedem Alter und in jeder Situation dazu bestimmt sind, von den Männern unterworfen zu werden. Damit entgeht Beauvoir dem scheinbar unlösbaren Problem, zu wissen, welche epistemologische Exteriorität erlauben würde zu wissen, wer unterwürfig ist und wer nicht, wer authentisch ist und wer nicht. Dementgegen bringt Beauvoir durch eine Fülle von Details, Fakten und miteinander verwobenen Erfahrungen folgende Evidenz zum Vorschein: Allen Frauenfiguren, die sie Kapitel nach Kapitel studiert, ist die Zwitterhaftigkeit der Existenz der Frau und der permanente Widerspruch zwischen der Freiheit, die sie als Menschen haben, und der Reduktion auf den Status eines Objekts und des absolut Anderen, auf den die männliche Herrschaft sie reduziert, gemeinsam. Angesichts dieses Widerspruchs, der von allen Frauen geteilt wird, ist die Unterwerfung die Haltung, die durch die Situation, in der sich die Frauen befinden, vorgegeben ist. So gesehen erscheint die Unterwerfung nicht als Ausnahmephänomen und Abweichung von der Norm, sondern im Gegenteil als die vom »Man«, von der gesellschaftlichen Norm vorgegebene Haltung. Wenn man eine Frau ist, unterwirft man sich.

Die Erfahrung aller Frauen?

Gegenüber dieser phänomenologischen Methode keimt jedoch ein Verdacht auf: Sind die Verallgemeinerungen, die Beauvoir vorschlägt, so stichhaltig, wie sie zu verstehen gibt? Die Geschichte des Feminismus wird oft mit der Metapher der »Wellen« schematisiert: Auf die erste feministische Welle Ende des 19. und Anfang des 20. Jahrhunderts, für die der Kampf für das Wahlrecht der Frauen zentral war, folgte eine zweite Welle, die *Das andere Geschlecht* auslöst und in der es um die Gleichstellung der Geschlechter geht, insbesondere um das Recht der Frauen, nicht mehr auf den häuslichen Bereich beschränkt zu werden. Ab den 1970er Jahren wird diese zweite Welle jedoch von Feministinnen heftig kritisiert – was als dritte Welle bezeichnet wird –, die ihre Blindheit gegenüber der Verschiedenartigkeit der Situationen der Frauen angreifen. Laut den Feministinnen dieser dritten Welle neigen die Feministinnen, die ihnen vorausgingen und die generell weiße, westliche und sozial privilegierte Frauen waren, dazu, zu meinen, dass alle Frauen aufgrund der bloßen Tatsache, Frauen zu sein, eine gemeinsame Erfahrung haben, während diese Erfahrung eine der weißen westlichen Frauen ist, die sie sind. Dagegen treten die Feministinnen der dritten Welle für die Notwendigkeit eines intersektionalen Ansatzes ein,[20] der der Verschiedenartigkeit der Unterdrückungen, die auf der Rasse, der sozialen Klasse, dem Geschlecht beruht, und der Weise Rechnung trägt, in der sich diese Unterdrückungen addieren, so dass beispielsweise schwarze Frauen nicht nur als Schwarze oder als Frauen unterdrückt werden, sondern als schwarze Frauen eine spezielle Unterdrückung erfahren.

Insofern wurde Beauvoir hinsichtlich der Verallgemeinerungen, die sie im phänomenologischen Teil des *Anderen Geschlechts* vornimmt, wiederholt angegriffen. So warf beispielsweise die britische Anthropologin Judith Okely Beauvoir vor, eher eine anthropologische Studie über die Frauen des Dorfes von Saint-Germain vorgelegt zu haben, in der sich Beauvoir implizit als Paradebeispiel präsentiert.[21] Es ist klar, dass Beauvoir die Idee der Intersektionalität außer Acht lässt und über die Frauen systematisch reduktionistische Hypothesen aufzustellen scheint: Sie unterscheidet dermaßen eindeutig zwischen der Erfahrung der Frau und der Erfahrung des Schwarzseins, dass sie die Erfahrung schwarzer Frauen nicht in Betracht zu ziehen scheint; sie ist der Ansicht, dass eine Arbeit außerhalb des Hauses zu haben für die Frau eine Form ist, frei zu sein, ohne zu sehen, dass in den benachteiligten sozialen Schichten die Mehrheit der Frauen arbeitet, ohne dass diese Arbeit für sie eine Befreiung wäre;[22] die einzigen nichtwestlichen Frauen, auf die sie eingeht, sind die in Harems lebenden Frauen, von denen sie ein orientalisierendes und klischeehaftes Bild zeichnet.

Trotz dieser unbestreitbaren Schwächen liegt Beauvoirs

Stärke jedoch darin, dass der Wiedererkennungseffekt des *Anderen Geschlechts* überall und stets gewirkt hat: Es ist wahrscheinlich das meistverkaufte Philosophie-Buch des 20. Jahrhunderts; in den ersten Wochen wurden 20000 Exemplare abgesetzt. Das Buch hat sich in Frankreich mehr als eine Million mal verkauft und wurde weltweit in mehr als vierzig Sprachen übersetzt.[23] Gleich nach Erscheinen des Werks erhält Beauvoir Briefe von Leserinnen aus der ganzen Welt. Diese Briefe sagen alle mehr oder weniger dasselbe: Die Lektüre des *Anderen Geschlechts* bedeutete für diese Leserinnen das Ende ihrer Einsamkeit und ermöglichte ihnen, ihre eigene Existenz und Weiblichkeit zu verstehen. Die tausende von Briefen aus der ganzen Welt, die Beauvoir erhält, sind wichtig, um zu begreifen, was ihre phänomenologische Analyse ermöglicht: Auch wenn die Frauen auf der ganzen Welt nicht genau die gleiche Erfahrung machen, wie es ist, eine Frau zu sein, haben die Leserinnen von Beauvoir in ihren Beschreibungen doch eine Entsprechung ihrer eigenen Erfahrungen gefunden. Bei der Lektüre von Beauvoir sahen diese Frauen zum Beispiel, dass das Unbehagen, das sie möglicherweise empfunden haben, als sie sich in der Pubertät in ihrem neuen Körper einer jungen Frau beäugt fühlten, eine weithin geteilte Erfahrung war und dass die Frustration, die sie empfinden mochten, als sie sahen, wie ihre Familie eine so lange zubereitete Mahlzeit derart schnell verschlang, so vielen anderen gemeinsam war. Da Beauvoir diese Erfahrungen systematisch als das Produkt der Dominanz der Frauen durch die Männer einstuft, ermöglicht sie den Leserinnen, sich der zentralen These des Feminismus ab der zweiten Hälfte des 20. Jahrhunderts bewusst zu werden: Das Persönliche ist politisch. Die Leserinnen werden sich der Tatsache bewusst, dass ihre individuelle und singuläre Erfahrung so viele Gemeinsamkeiten mit der von Beauvoir beschriebenen Erfahrung anderer Frauen hat, dass sie nicht als eine bloß singuläre Erfahrung angesehen werden kann und dass sie Teil einer gemeinsamen Situation der Unterdrückung ist. Nicht weil ihr Ehemann besonders schlecht oder ihre Kinder besonders undankbar wären, ist ihre Existenz so, wie sie ist, sondern weil sie Frauen sind und als solche zur Unterwerfung bestimmt sind, während sie sich als menschliche Wesen nach Freiheit sehnen.

Kurz, obwohl die Unterwerfung sich der philosophischen Analyse zu versperren scheint, entwickelt Beauvoir eine Methode, die die schwierige Philosophie der alltäglichen Erfahrung der Unterdrückten ermöglicht. Indem sie dies tut, verändert sie das, was die Philosophie ist: Sie spricht in der ersten Person, nutzt andere Erfahrungen in der ersten Person, einschließlich der Erfahrungen von Prostituierten, anonymen Frauen, Stimmen, die die Philosophie noch nie zuvor ertönen ließ. Sie widmet sich der Beschreibung von Themen, die bislang als unphilosophisch galten, da sie dermaßen gewöhnlich sind und vom Haushalt über das weibliche Begehren bis zur Menstruation reichen. So nutzt sie ihre privilegierte Stellung als Schriftstellerin, um zu zeigen, dass die Philosophie sich nicht mit dem befasst hat, was die Frauen vor allem bewegt und beschäftigt, nämlich ihre Unterwerfung.

Ihre Aneignung der Phänomenologen, der marxistischen Philosophie, Hegels ist philosophisch und originell, weil sie in der gewöhnlichen Erfahrung verwurzelt ist, die sie als Frau macht. Doch ist es wichtig zu sehen, dass diese Hinwendung zum Gewöhnlichen so manche für die philosophische Dimension ihres Werkes blind gemacht hat – gemäß einer Überlegung folgender Art: Da sie das gewöhnliche Leben beschreibt, sind ihr Buch und ihr Ansatz gewöhnlich – doch darin besteht auch die Originalität von Beauvoirs Aneignung, da sie die Philosophiegeschichte benutzt, um Werkzeuge für eine philosophische Analyse des gewöhnlichen Lebens der Frauen und Männer herzustellen. In Wirklichkeit ist *Das andere Geschlecht* sowohl aufgrund seiner phänomenologischen und existentiellen Methode als auch aufgrund seines Ausgangspunkts und seiner Wirkung ein wahrhaft philosophisches Buch: Seine Lektüre verändert unser Verhältnis zur Welt.

6
Die Unterwerfung ist eine Entfremdung

Die Verknüpfung von Beauvoirs Theorie der Situation mit ihrer phänomenologischen Methode erlaubt ihr, den Mechanismus zu verstehen, durch den die Frauen dazu kommen, sich zu unterwerfen: Die Unterdrückung der Frauen durch die Männer erfolgt über einen Entfremdungsprozess – die Transformation in das Andere –, der ein Objektivierungsprozess ist. Die Frauen unterwerfen sich den Männern, weil sie von den Männern und in der Folge von sich selbst immer schon als Objekte betrachtet werden und nicht als Subjekte.

Unterdrückung als Entfremdung

Um zu verstehen, inwiefern das Frausein speziell durch die Unterwerfung gekennzeichnet ist, vergleicht Beauvoir die Weiblichkeit mit anderen Bestimmungen, die aus Unterdrückungen resultieren. Sie vergleicht die Frau mit dem Schwarzen, dem Juden, dem Proletarier als Figuren, die ebenso aus einer Situation der Unterdrückung hervorgehen.[1] Dieser Vergleich hat, wie wir gesehen haben, einen problematischen Aspekt, weil er implizit die Möglichkeit multipler Identitäten negiert.[2] Diese Figuren scheinen zu implizieren, dass die FRAU notwendig weiß, christlich, bürgerlich ist. Dennoch hat er die Funktion, die Gemeinsamkeit dieser verschiedenen Formen der Unterdrückung aufzuzeigen: Die Unterdrückung besteht seitens der Unterdrücker darin, die Unterdrückten zu anderen zu machen.

Die Unterdrückung oder der in den »anderen« transformierte Unterdrückte

Im 20. Jahrhundert ist für viele Philosophen und Linke eines der besten Modelle zur Erklärung der Unterdrückung in der berühmten und oft obskuren »Dialektik von Herr und Knecht« zu finden. Dieser Ausdruck bezieht sich, auch wenn Hegel ihn nicht verwendet, auf die Analyse interindividueller Beziehungen, die er in der *Phänomenologie des Geistes* vorlegt. In Abschnitt B der *Phänomenologie des Geistes* erklärt Hegel, dass man zur Erlangung von Selbstbewusstsein der Vermittlung des anderen bedarf. Aber der andere tritt zunächst in negativer Form in Erscheinung, als Bedrohung. Das Selbst versucht somit, den anderen zu zerstören und gleichzeitig vom anderen Anerkennung zu erlangen. Das führt zu dem berühmten Kampf des Bewusstseins um Anerkennung: Hegel zufolge kann man sich das, was passiert, wenn zwei Individuen zusammentreffen, als Kampf auf Leben und Tod vorstellen. Bei diesem Kampf hat der Knecht Angst zu sterben und akzeptiert, den anderen anzuerkennen, um sein Leben zu retten, während der andere, der Herr, anerkannt wird und eine Form von Freiheit erlangt. Dieses Schema haben sich die marxistische Philosophie und in den 1930er Jahren vor allem Alexandre Kojève zu eigen gemacht, der in seinen Hegel-Vorlesungen in Paris eine anthropologische und marxistische Interpretation davon vorträgt und es als *Dialektik von Herr und Knecht* bezeichnet. Kojève zeigt, dass der Kampf um

Anerkennung paradoxerweise den Knecht in eine bessere Position versetzt als den Herrn: Ist der Herr einmal anerkannt, bedarf er der Existenz des Knechts, um diese Anerkennung aufrechtzuerhalten, während der Knecht den Herrn nicht braucht. Außerdem erlangt der Knecht durch seine Arbeit und durch die Transformation, die er so herbeiführt, unabhängig vom Herrn eine Form von Freiheit, so dass Kojève in der Dialektik von Herr und Knecht das Modell für die Analyse des Klassenkampfs sieht: Der Knecht erschafft durch seine Arbeit etwas, erkennt sich selbst im Erschaffenen wieder und schafft so neue Voraussetzungen, die ihm erlauben, den Kampf um Anerkennung wieder aufzunehmen. In all diesen Fällen funktioniert die Unterdrückung ab dem Moment, in dem der Knecht akzeptiert, den Herrn als Herrn anzuerkennen, folgendermaßen: Der Herr begreift den Knecht als einen anderen, das heißt als ein Wesen mit einer Natur, die sich von der seinigen grundlegend unterscheidet. Er setzt jeglicher Möglichkeit der wechselseitigen Anerkennung ein Ende, indem er den anderen Menschen zum Knecht macht.

Beauvoir kennt sowohl die *Phänomenologie des Geistes* gut, die sie im Sommer 1940 liest,[3] um sich von der Angst vor dem Krieg abzulenken, als auch die Analysen Kojèves. Im *Anderen Geschlecht* stützt sie sich auf eine Wiederverwendung der Kojève'schen Lektüre des Kampfs um Anerkennung, um die Grundstruktur der Unterdrückung und das Spezifische der Beherrschung der Frauen durch die Männer aufzuzeigen.

Das Spezifische männlicher Herrschaft: die Frau ist das Andere

Die Grundstruktur der Unterdrückung ist laut Beauvoir ein direktes Erbe des Kampfs um Anerkennung: Die Unterdrückung ist der Mechanismus, mit dem es einer herrschenden Gruppe gelingt, eine andere Gruppe als Gruppe der »anderen« zu konstituieren, deren Alterität betont wird, indem dem, was diese Gruppe unterscheidet, eine besondere Bedeutung gegeben wird. Zum Beispiel werden die Weißen die Schwarzen im Namen der schwarzen Seele unterdrücken, die Juden werden im Namen des jüdischen Charakters unterdrückt werden, die Frauen im Namen des Ewigweiblichen.

Doch Beauvoir geht noch weiter. Sie zeigt dank der impliziten Unterscheidung zwischen dem anderen und dem Anderem das Spezifische der Unterdrückung der Frauen:

> Nur setzt ihm [dem Subjekt] das andere Bewußtsein seinerseits den gleichen Anspruch entgegen: auf Reisen stellt der Einheimische entrüstet fest, daß es in den Nachbarländern Einheimische gibt, die *ihn* als Fremden betrachten. Zwischen Dörfern, Stämmen, Nationen, Klassen gibt es Kriege, Potlatchs, Handelsbeziehungen, Verträge und Fehden, die der Idee des *Anderen* ihren absoluten Sinn nehmen und ihre Relativität offenbaren: Individuen und Gruppen sind wohl oder übel gezwungen, die Wechselseitigkeit ihrer Beziehung anzuerkennen. Wie aber kommt es dann, daß zwischen den Geschlechtern diese Wechselseitigkeit nicht hergestellt worden ist, daß der eine der beiden Begriffe sich als der einzig wesentliche behauptet hat und jede Relativität in bezug auf sein Korrelat verleugnet, indem er dieses als die Alterität schlechthin definiert? Wieso fechten die Frauen die männliche Selbstherrlichkeit

> nicht an? Kein Subjekt versteht sich selbst ohne weiteres spontan als das Unwesentliche. Nicht das Andere definiert das Eine, indem es sich selbst als das Andere definiert: es wird von dem Einen, das sich als das Eine versteht, als das Andere gesetzt. Damit aber die Umkehrung vom Anderen zum Einen nicht vollzogen wird, muß das Andere sich diesem fremden Standpunkt unterwerfen. Woher kommt diese Unterwerfung bei der Frau?[4]

Die Beziehungen zwischen Männern und Frauen haben etwas Spezifisches: Die Frauen sind nicht sowohl Subjekt als auch Objekt, ich und der andere, wie alle anderen Individuen. Bei der Entfremdung gibt es keine Wechselseitigkeit. Die Frauen sind immer das Andere, weil sie unterwürfig sind. Die Antwort auf die Frage »Was ist eine Frau?« lautet somit »Die Frau ist das Andere«, weil sie sich dem Mann unterwirft. Die Frage »Was ist eine Frau?« zu beantworten, bedeutet damit, die Frage zu beantworten »Woher kommt bei der Frau die Unterwerfung?«.

Gemäß den hegelianischen und nachhegelianischen Analysen erscheint mir der andere in Bezug auf den einen, der ich bin, als ein anderer, und vor allem macht er mir bewusst, dass ich für ihn ein »anderer« bin. Das tägliche Leben bringt so standig die Dimension der Relativität und Reziprozität dieser Andersartigkeit zum Vorschein. Wie schon Sartre in seinen Analysen des Blicks gezeigt hat, kann ich sehen, dass der andere sich als den einen sieht und mich als einen anderen, also bin ich für den anderen ein anderer und für mich ein Subjekt. Die Frau wird hingegen vom Mann als das Andere konstituiert, das heißt als eine absolute und nicht relative Alterität.

Eine nichtdialektische Beziehung

Die Absolutheit der Alterität, die der Großbuchstabe zum Ausdruck bringt, ist entscheidend, weil sie impliziert, dass es in der Beziehung von Mann und Frau keine Dialektik gibt, das heißt keine Entwicklung.[5] In der Tat könnten einen die überaus häufige Identifizierung der Frau mit einem Knecht, dessen Herr der Mann ist, die Bezugnahmen auf Hegel und der Umstand, dass sie die Existenz der Frau mehrfach als »dialektisch« bezeichnet, denken lassen, dass Beauvoir die Beziehung von Mann und Frau mit der Dialektik von Herr und Knecht identifiziert. In Wirklichkeit macht die Situation der Frauen eine solche Dialektik jedoch unmöglich. In der Hegel'schen Dialektik resultiert sowohl das Problem der Anerkennung wie auch das Problem der dialektischen Bewegung aus der ursprünglichen Ungleichheit der Individuen. Zwei Individuen suchen die Anerkennung des anderen, der eine verzichtet aus Angst vor dem Tod auf diese Anerkennung und gewährt dem anderen seine Anerkennung, der dadurch zu seinem Herrn wird.[6] Dann setzt die dialektische Bewegung ein, weil der Herr, der augenscheinlich gesiegt hat, sich in einem durch seinen Sieg produzierten Dilemma befindet: Er wird nur vom Knecht anerkannt, hängt also von demjenigen ab, dessen Gleichheit er verneint hat. Der Knecht findet hingegen einen Weg, die Verneinung und Knechtung, die er erfährt, zu überwinden: die Arbeit. Durch die manuelle Arbeit kann er die Natur verwandeln und sich so sowohl vom Herrn als auch von der Natur emanzipieren; durch seine Arbeit wird sich der Knecht seiner selbst in einer Weise bewusst, die ihn befreit und ihm eine Form von Unabhängigkeit verleiht, während der Herr den Knecht braucht, um Herr sein zu können. Gemäß Beauvoir ist die Frau hingegen immer schon als Unterlegene konstituiert:

> Proletarier hat es nicht immer gegeben: Frauen hat es immer gegeben. Sie sind Frauen aufgrund ihrer physiologischen Struktur. So weit die Geschichte zurückreicht, sind sie dem Mann immer untergeordnet gewesen: ihre Abhängigkeit ist nicht die Folge einer Entwicklung, sie ist nicht *geschehen*.[7]

Die Unterordnung der Frauen durch die Männer unterscheidet sich ganz wesentlich von der Unterwerfung der Schwarzen, Juden und Proletarier, indem sie nicht die Frucht eines Ereignisses ist, nicht datierbar ist und schon immer da war.[8] Die Frau ist so nicht in einer Ausgangsposition, die der des Mannes gleicht, und mit Blick hierauf kann man die Beziehung von Mann und Frau nicht mit der Beziehung von Herr und Knecht im hegelianischen Sinne vergleichen.

Der zweite große Unterschied zwischen der Frau und dem Knecht ist die Arbeit: Beim hegelianischen Schema ist die Beziehung zwischen Herr und Knecht dialektisch aufgrund der Rolle der Arbeit bei Erlangung des Selbstbewusstseins und dann bei der möglichen Umkehrung der Verneinung, deren Gegenstand er war, durch den Knecht. Die Arbeit, und insbesondere die manuelle Arbeit, ist die notwendige Voraussetzung für eine mögliche Emanzipation des Knechts.[9] Nun arbeitet die Frau, von der Beauvoir spricht, die Frau gemäß den normativen gesellschaftlichen Vorstellungen ihrer Zeit, nicht, beziehungsweise wird ihre Arbeit zum einen nicht als solche betrachtet und zum anderen ist sie nicht so fruchtbar wie die manuelle Arbeit des Knechts. Wie Beauvoir in ihren akribischen Beschreibungen des häuslichen Lebens zeigt, hat die Arbeit der verheirateten Frau tatsächlich nicht diese emanzipatorische Dimension, weil sie nur ein Kampf gegen das Negative ist:

> Nur wenige Tätigkeiten haben so sehr den Charakter einer Sisyphusarbeit wie die der Hausfrau. Tag für Tag wird Geschirr gespült, Staub gewischt, Wäsche geflickt, um die Dinge am nächsten Tag wieder schmutzig, staubig und zerrissen vorzufinden. Die Hausfrau verschleißt ihre Kräfte, indem sie auf der Stelle tritt. Sie macht nichts: sie verewigt lediglich die Gegenwart. Sie hat nicht den Eindruck, etwas Gutes zu erobern, sondern endlos gegen das Böse zu kämpfen. [...] Das Kind sieht die Zukunft als einen grenzenlosen Aufstieg zu wer weiß welchen Gipfeln. In der Küche, wo die Mutter Geschirr abwäscht, begreift das Mädchen plötzlich, daß sie ihre Hände seit Jahren jeden Nachmittag zur gleichen Zeit in das fettige Wasser taucht und das Porzellan mit dem Spültuch säubert. Bis zum Tod wird sie diesen Riten unterworfen sein. Essen, schlafen, putzen... die Jahre recken sich nicht mehr zum Himmel, sie schleichen gleichförmig und grau am Boden dahin. Jeder Tag gleicht dem vorherigen. Es ist eine ewige, nutzlose, hoffnungslose Gegenwart.[10]

Die Hausarbeit besitzt keine der Tugenden der von Hegel beschriebenen Arbeit: als bloßer Kampf gegen die Negativität des Schmutzes, der Unordnung, der Zerstörung erlaubt sie der Frau nicht, sich ihrer bewusst zu werden, sondern hält sie in der Falle der Immanenz, der Wiederholung gefangen, die nie Schöpfung ist und sie daran hindert, einer freien Zeitlichkeit zu folgen. Dieser Unterschied zwischen der Beschaffenheit der positiven Arbeit – die bei Hegel die Arbeit des Knechts ist, doch bei Marx auch die Arbeit als Befreiung oder bei Sartre die Arbeit als Projekt – und der Hausarbeit, die eine Arbeit ohne Selbstbewusstwerdung ist, ist einer der Gründe, weshalb Beauvoir die Arbeit außerhalb des Hauses für die Frauen als eine Perspektive der Emanzipation begreift. Solange sie auf die Hausarbeit beschränkt sind, wird den Frauen die Möglichkeit genommen, ihre Beziehung zu den Männern dialektisch zu gestalten, da sie sich durch die Arbeit nicht emanzipieren können. So ist klar, dass die Frau zum Mann keine Beziehung hat, die mit der Dialektik von Herr und Knecht vergleichbar ist. Sie ist das absolute Andere und kein zufälliges anderes, dessen relative Alterität immer reversibel ist.

Beauvoir benutzt die Dialektik von Herr und Knecht somit nicht als philosophisches *Modell* der Form, in der sich die Dinge zwischen den Geschlechtern abspielen, sondern als *Kontrastwerkzeug*:[11] Eher als die hegelianischen Figuren von Herr und Knecht zu bemühen, um die Ungleichheit zwischen Männern und Frauen aufzuzeigen, stellt Beauvoir den Kontrast zwischen der Stellung der Frau und der des hegelianischen Knechts heraus. Es gibt mithin keine dialektische Spannung im Geschlechterverhältnis. Den Frauen gelingt es nicht, von den Männern Anerkennung zu verlangen. Da es den Frauen nicht gelingt, diese Forderung zu erheben, bestehen wenig Chancen, dass die Männer durch die Relativität der Andersartigkeit der Frauen getroffen werden, und wenig Chancen, die Art von Wechselseitigkeit zu erreichen, die gemäß Beauvoir unvermeidlich wird, wenn beide Seiten Anerkennung verlangen. So verlangen die Männer Anerkennung, und den Frauen gelingt es nicht, sie zu verlangen, so dass sie als das absolut Andere konstruiert werden.

Beauvoir benutzt die Dialektik von Herr und Knecht mithin auf mehreren Ebenen. Zum einen bedient sie sich ihrer als Idiom, mit dem die Unterdrückung zu begreifen ist – »die Alterität ist eine grundlegende Kategorie des menschlichen Denkens«,[12] und die Unterdrückung besteht in der Sedimentierung oder Naturalisierung einer Alterität, die normalerweise immer relativ und in Bewegung ist. Zum anderen ermöglicht der Verweis auf die Dialektik von Herr und Knecht, die Originalität der Unterdrückung der Frau herauszustellen: Diese Unterdrückung ist absolut und statisch. Wenn die Hegel'sche Dialektik für das Proletariat als eine Logik der Emanzipation erscheinen kann, so offenbart sie die sexuelle Differenz im Gegenteil als Ort unüberwindlicher Unterdrückung. Indem Beauvoir die Frage aufwirft, was eine Frau ist, kommt sie sofort darauf, dass eine Frau unmittelbar das ist, was ein Mann nicht ist, dass sie das absolut Andere ist und dass diese Alterität, historisch betrachtet, die Grundlage der Unterlegenheit bildete. Die Frage »Was ist eine Frau?« zu beantworten, setzt daher voraus, dass der – nahezu evidente – Übergang von der »Frau« zur »Alterität«, zur »Minderwertigkeit« und zur »Unterwerfung« aufgeklärt wird. Die Frage der Unterwerfung der Frau ist somit die zentrale Frage des Buches. Sie nimmt die Form eines Paradoxons an: Wie ist zu erklären, dass die Frauen, die ebenso Menschen sind wie die Männer und damit normalerweise ebenso fähig, sich zu Subjekten zu machen wie diese, nicht frei und ihnen untertan sind?

Die Objekt-Frau

Wenn die Situation der Frau eine Situation der spezifischen Unterdrückung ist, dann ist dies nicht nur so, weil ihre Alterität absolut ist und weil ihr aufgrund dieser Tatsache die Möglichkeit zu einer emanzipatorischen Dialektik entgeht. Die andere Spezifität der Unterwerfung der Frauen ist in der Tatsache begründet, dass die Frauen nicht wie Schwarze, Juden oder Proletarier als eine eigene soziale Gruppe als das Andere konstituiert werden, sondern als Individuen.

Mit dem Unterdrücker leben

Erstens sind die Frauen keine Minderheit oder Randgruppe, und ihre Unterordnung ist, wie wir gesehen haben, nicht datierbar, sie ist nicht das Ergebnis eines Ereignisses.[13] Zweitens leben sie im Unterschied zu Schwarzen, Juden oder Arbeitern nicht unter sich, sondern mit ihren Unterdrückern:

> Sie leben verstreut unter den Männern, sind durch Wohnung, Arbeit, ökonomische Interessen und die soziale Stellung enger mit bestimmten Männern – sei es der Vater oder der Ehemann – verbunden als mit anderen Frauen. Als bürgerliche Frauen sind sie solidarisch mit den bürgerlichen Männern und nicht mit den Frauen des Proletariats, als Weiße mit den weißen Männern und nicht mit den schwarzen Frauen.[14] [...] Eine Frau kann die Männer nicht einmal im Traum ausrotten. Das Band, das sie mit ihren Unterdrückern verbindet, ist mit keinem anderen vergleichbar. Die Geschlechtertrennung ist nämlich eine biologische Gegebenheit, kein Merkmal der Menschheitsgeschichte. Aus einem ursprünglichen *Mitsein* hat die Gegensätzlichkeit sich allmählich herausgebildet, und die Frau hat sie nicht durchbrochen. Das Paar ist eine Grundeinheit, deren Hälften aneinander gefesselt sind: eine Spaltung der Gesellschaft nach Geschlechtern ist nicht möglich. Das ist das wesentliche Charakteristikum der Frau: sie ist das Andere in einem Ganzen, dessen Elemente einander brauchen.[15]

Die männliche Dominanz hat die Spezifität, sich in Beziehungen zwischen Individuen einzustellen, während die meisten anderen Grundstrukturen sozialer Dominanz in der Dominanz der einen Gruppe über die andere besteht. Die Gruppe der Frauen ist nur aufgrund einer sprachlichen Irreführung eine Gruppe: Unter den Frauen gibt es keine Gruppenidentität, die sie teilen, keine Solidarität im Namen der Gruppe, keine Soziabilität der Gruppe. Die Frauen identifizieren sich in der Familie mit den Männern, mit denen sie solidarisch und sozialisiert sind.

Indem Beauvoir hier auf den Heidegger'schen Begriff des *Mitseins* zurückgreift, wird ihr Verständnis vom Geschlechtsunterschied komplexer. Das *Mitsein* verweist bei Heidegger auf die Vorstellung, dass das *Dasein* ursprünglich in einer mit den anderen (harmonisch) geteilten Welt erfolgt. Menschliche Wesen sind immer schon in einer Welt, in der sie Mann oder Frau sind und in der sie mit anderen sind. Daraus folgt für Beauvoir zum einen, dass die Verbindung von Mann und Frau nicht historisch ist und damit zu keinem grundlegenden Wandel führt, und zum anderen, dass die Frauen nie eine soziale Gruppe sein werden.

Dieser Rekurs auf das *Mitsein* ist in seiner Ambiguität interessant: Einerseits scheint er einen gewissen Pessimismus zu bestätigen. Wenn die Frauen in eine Welt geboren werden, in der der Geschlechtsunterschied bereits als Zeichen ihrer Unterlegenheit verstanden wird, und wenn sie immer in erster Linie mit den Männern leben, sieht man schwerlich, wie die Ungleichheiten zwischen Mann und Frau zum Verschwinden gebracht werden könnten. Andererseits schwächt er die agonistische Vorstellung von interindividuellen Beziehungen ab, die der Verweis auf den Hegel'schen Kampf der Bewusstseine illustriert. Dabei beruft sich Beauvoir auf Hegel und Heidegger in einer Form, die zwischen ihnen keine Spannung herstellt, sondern sie vielmehr zusammenbringt, um die Möglichkeit wechselseitiger Anerkennung zu eröffnen.[16] Es besteht tatsächlich ein Widerspruch zwischen der anfänglichen Harmonie des Mitseins und der anfänglichen Feindseligkeit des Kampfs um Anerkennung, und Beauvoir behauptet schon zu Beginn der Einleitung, dass der Heidegger'sche Ansatz ungenügend ist:

> Diese Phänomene blieben unverständlich, wenn die menschliche Realität ausschließlich ein auf Solidarität und Freundschaft beruhendes *Mitsein* wäre. Sie werden erst begreiflich, wenn man wie Hegel im Bewußtsein selbst eine grundlegende Feindseligkeit gegenüber jedem anderen Bewußtsein entdeckt. Das Subjekt setzt sich nur, indem es sich entgegen-setzt: es hat den Anspruch, sich als das Wesentliche zu behaupten und das Andere als das Unwesentliche, als Objekt zu konstituieren.[17]

Das Phänomen der Alterität lässt sich nicht erklären, wenn man von der Harmonie des *Mitseins* ausgeht. Gleichzeitig macht das Kojève'sche Verständnis des Kampfs um Anerkennung eine harmonische Anerkennung unvorstellbar und damit eine harmonische oder glückliche Beziehung zwischen Männern und Frauen. Indem Beauvoir Heidegger und Hegel zusammenbringt, zeigt sie eine Möglichkeit zur Überwindung der Feindseligkeit der Bewusstseine zugunsten einer wechselseitigen Anerkennung auf. Das Problem, das dann gelöst werden muss, lautet: Wie kann man verstehen, was die wechselseitige Anerkennung derzeit unmöglich macht und die Frau mithin auf die absolute Alterität beschränkt?

Objektivierung und Objektivität

Wie wir gesehen haben, ist das Charakteristikum einer jeden Unterdrückung die Entfremdung, die Transformation desjenigen, den man unterdrückt, in einen anderen, der sich irreduzibel vom Selbst unterscheidet. Bei der männlichen Dominanz erfolgt die Entfremdung, die die Frauen erleben, in Form der Objektivierung, das heißt ihrer Transformation in ein Objekt, und zwar vornehmlich in ein Sexualobjekt. Die Männer begreifen sich als Subjekte und die Frauen als Objekte: als Wesen, die ihnen absolut unterlegen und dazu bestimmt sind, von ihnen benutzt zu werden. Gemäß Beauvoir steckt die Frau damit in der absoluten Alterität fest, weil sie von den Männern objektiviert wird: Diese Objektivierung bewirkt, dass die Weiblichkeit von den Männern als Unterwerfung konstruiert wird und dass die Frauen sich immer schon in einer Welt befinden, in der die Unterwerfung einem Schicksal gleicht.

Diese Objektivierung hat für die Ordnung der Gesellschaft und der Erkenntnis sehr weitreichende Folgen: Beauvoir beleuchtet den Zusammenhang zwischen Objektivität, Blick und Objektivierung. So schreibt sie zu Beginn des den Mythen gewidmeten Teils:

> Man sagt im Französischen manchmal einfach *le sexe*, um die Frau zu bezeichnen; sie ist das Fleischliche, seine Wonnen und seine Gefahren. Die Wahrheit, daß für die Frau der Mann sexuell und körperlich anziehend ist, wurde nie verkündet, weil es niemanden gab, sie zu verkünden. Die Vorstellung von der Welt ist, wie die Welt selbst, das Produkt der Männer: sie beschreiben sie von ihrem Standpunkt aus, den sie mit der absoluten Wahrheit gleichsetzen.[18]

Die männliche Perspektive hat die Eigenart, sich als neutral zu verstehen und dadurch die Objektivierung der Frauen zu neutralisieren, die aber nicht objektiv ist, sondern eine Konsequenz der männlichen Dominanz. Catharine MacKinnon zitiert diese Passage als Ausgangspunkt ihrer Verteidigung der Vorstellung, dass die Objektivität auf der Grundlage des männlichen Blicks konstruiert wird, der ein Blick ist, der die Frauen objektiviert:

> Die Männer *erschaffen* die Welt nach ihrem eigenen Standpunkt, der dann zu der zu beschreibenden Wahrheit *wird*. [...] Die Macht, die Welt nach seinem Standpunkt zu erschaffen, ist die Macht in ihrer männlichen Form. Die männliche epistemologische Haltung, die der Welt entspricht, die sie erschafft, ist die Objektivität: die scheinbar unbeteiligte Haltung, das Sehen aus der Distanz, ohne bestimmte Perspektive, die für ihre Wirklichkeit scheinbar transparent ist. Sie versteht nicht, dass sie eine eigene Perspektive ist, sie erkennt nicht [...], dass die Form, in der sie die Welt begreift, eine Form der Beherrschung ist und diese voraussetzt. Das objektiv Erkennbare ist ein Objekt. Die Frau ist in den Augen des Mannes ein Sexualobjekt, durch das sich der Mann sowohl als Mann als auch als Subjekt erkennt.[19]

Die Situation der Frau ist von der Objektivierung, die der männliche Blick sie erleiden lässt, nicht zu trennen, und die männliche Dominanz macht es möglich, dass sich diese Objektivierung unbemerkt vollzieht und nicht als Ergebnis der Herrschaft der Männer, sondern als ihre objektive Bedingung erscheint.

Aufgrund der männlichen Herrschaft gibt es hinsichtlich der Frauen zwei sich widersprechende Wahrheiten: Sie sind sowohl Menschen, damit ihrem Wesen nach frei, und der

Blick des Mannes konstruiert sie als ihrem Wesen nach unterlegen, womit sie dazu bestimmt sind, unterworfen zu werden. Am Ende der Einleitung in *Das andere Geschlecht* wird sowohl das Problem als auch der Aufbau des Werks klar: Die Frage »Was ist eine Frau?« zu beantworten bedeutet, die Spannung zwischen der Freiheit der Frau als Mensch und ihrer Unterwerfung als Frau zu beleuchten:

> Was nun die Situation der Frau in einzigartiger Weise definiert, ist, daß sie sich – obwohl wie jeder Mensch eine autonome Freiheit – in einer Welt entdeckt und wählt, in der die Männer ihr vorschreiben, die Rolle des Anderen zu übernehmen; sie soll zum Objekt erstarren und zur Immanenz verurteilt sein, da ihre Transzendenz fortwährend von einem essentiellen, souveränen anderen Bewußtsein transzendiert wird. Das Drama der Frau besteht in diesem Konflikt zwischen dem fundamentalen Anspruch jedes Subjekts, das sich immer als das Wesentliche setzt, und den Anforderungen einer Situation, die sie als unwesentlich konstituiert. Wie kann ein Mensch sich im Frau-Sein verwirklichen? Welche Wege stehen ihm offen? Welche enden in Sackgassen? Wie kann man in der Abhängigkeit wieder Unabhängigkeit erlangen? Was schränkt die Freiheit der Frau ein, und kann sie diese Umstände überwinden? […] Wenn ich also an den Möglichkeiten des Individuums interessiert bin, so nicht in Begriffen des Glücks, sondern in Begriffen der Freiheit.[20]

Um diese Spannung zu verstehen, muss analysiert werden, was erlaubt, die Weiblichkeit über die Objektivierung der Frauen als absolute Alterität zu konstruieren, und wie diese Konstruktion die Unterwerfung der Frauen strukturiert. Die Unterwerfung ist die Bedingung der Frauen, insofern sie die Möglichkeit ist, die ihr die gesellschaftliche Norm vorgibt, und die Analyse wird ans Licht bringen müssen, was erlaubt, diese Unterwerfung als Schicksal erscheinen zu lassen, wie sie fortbesteht und welchen Platz die Männer und Frauen bei diesem Fortbestand jeweils einnehmen. Die Grundthese Beauvoirs, die sie in dem ganzen Werk entfaltet, kann man damit folgendermaßen umformulieren: »Frau kommt nicht unterwürfig zur Welt, sie wird es.«

7
Der Objekt-Körper der unterwürfigen Frau

Um zu zeigen, wie die Frauen, auch wenn sie nicht unterwürfig zur Welt kommen, es werden, wenn sie sich den Weiblichkeitsnormen nicht widersetzen, hebt Beauvoir die körperliche Dimension der Weiblichkeit und damit der Unterwerfung hervor.

Eine Frau kann nicht von ihrem Körper abstrahieren

Schon auf den ersten Seiten des *Anderen Geschlechts* behauptet Beauvoir, dass der Körper und die Leiblichkeit für die Beantwortung ihrer Grundfrage »Was ist eine Frau?« zentral ist.[1] Sie betont, dass es unmöglich ist, diese Frage zu beantworten, ohne anzuerkennen, dass Männer und Frauen gleichzeitig ein Körper *sind* und einen Körper *haben* und dass eine wichtige Dimension des Geschlechtsunterschieds darin besteht, dass sich Frauen im Unterschied zu Männern ihrem Körper und seinen gesellschaftlichen Bedeutungen nicht entziehen können.[2] Das wird sehr deutlich, wenn man Descartes und Beauvoir vergleicht und die Beauvoir'sche Form der Philosophie in der Einleitung zum *Anderen Geschlecht* als eine weibliche oder feministische Aneignung der cartesianischen in den *Meditationen über die Erste Philosophie* interpretiert. In der Zweiten Meditation fragt Descartes, was für ein Wesen er ist. Er stützt sich auf die Evidenz und die klaren und deutlichen Vorstellungen, die er hat, um darzulegen, was sich von selbst versteht: Er ist ein Mensch, das heißt ein menschliches Wesen. Davon ausgehend stellt er folgende Überlegung an: Da er an der Existenz seines Körpers, nicht aber an seiner eigenen Existenz zweifeln kann, kann der Körper kein wesentlicher Bestandteil dessen sein, was ein menschliches Wesen ausmacht. Auch Beauvoir beginnt *Das andere Geschlecht* mit einer autobiographischen Begründung ihrer Schrift. Diese besteht jedoch darin, zu sagen, dass ihre erste Antwort auf die Frage, wie sie sich selbst definiert, diejenige ist, die sie glaubt zuallererst geben zu »müssen«, nämlich dass sie eine Frau ist.[3] Und dies geht auf die Tatsache zurück, dass sie im Unterschied zu Descartes weder an der Existenz ihres Körpers zweifeln noch davon abstrahieren kann. Eine Frau zu sein bedeutet, sich nicht der Tatsache entziehen zu können, dass man ein Körper ist.

Beauvoir begnügt sich hier nicht mit einem einfachen Einwand gegen die cartesianische Vorstellung von der unterschiedlichen Beschaffenheit von Körper und Geist (Dualismus): Wenn es nur darum ginge, zu sagen, dass sich der Geist nicht vom Körper unterscheidet, gäbe es keine Besonderheit des weiblichen Körpers, und weder Männer noch Frauen könnten in einem solchen Kontext an der Existenz ihrer Körper zweifeln. Beauvoir stimmt mit den nichtdualistischen Philosophen wie Merleau-Ponty darin überein, dass Frauen und Männer keine dualen Substanzen sind und dass die einen wie die anderen ihren Körper haben und sind. Doch zeigt sie, dass nur die Frauen ihre Identität durch ihren Körper bestimmt sehen: Sie können nicht einmal, wie Descartes, behaupten, keine Körper zu sein. Für Merleau-Ponty zum Beispiel kann man sich seinem Körper nicht entziehen, insofern der Körper unser Zugang zur Welt ist, doch handelt es sich dabei nicht um eine präexistente Norm, die einer Person von der Gesellschaft auferlegt wird. Der Körper ist die Bedingung des In-der Welt-Seins der Person, doch ist er kein unabänderliches Schicksal. Die Besonderheit des weiblichen Körpers besteht gemäß Beauvoir darin, dass er ein sozialer Körper ist, noch bevor er ein erlebter Körper ist, und dass er von daher als Schicksal fungiert.

Diese Vorstellung vom Körper ist zentral, um die Frage nach dem Rätsel der Unterwerfung zu beantworten, das heißt, um sowohl zu verstehen, wie die Frau als das Andere begriffen wird, als auch, weshalb und wie sie nicht verlangt, als ein Subjekt anerkannt zu werden. Die gesellschaftliche Dimension des Körpers der Frauen strukturiert ihre Situation und Erfahrung so, dass ihnen die Unterwerfung als Schicksal erscheint, das heißt sowohl als ein vorgezeichneter Weg als auch als das, was sie tun müssen. Dieser Vorrang des gesellschaftlichen Körpers vor dem erlebten Körper – das heißt die Vorstellung, dass der Körper der Frauen zuerst ein Körper ist, der sich anderen zeigt, bevor er ein Körper ist, der vom Individuum erlebt wird – ist eng mit der Infragestellung des Sartre'schen Individualismus verbunden: Für Sartre liegt Unaufrichtigkeit vor, wenn eine Person handelt, als sei sie ein von der Welt getriebenes Objekt, als sei sie von der Welt bestimmt, denn sie ist in Wirklichkeit absolut frei, Entscheidungen zu treffen und ihre eigenen Projekte zu entwerfen. Dagegen legt Beauvoir eine Philosophie des Körpers vor, bei der die gesellschaftliche Dimension des Körpers der Frauen die Situation und Erfahrung der Frauen so strukturiert, dass sie dazu bestimmt sind, sich zu unterwerfen. Um dies zu zeigen, bedient sich Beauvoir eines phänomenologischen Ansatzes, der ihr zu zeigen erlaubt, dass die Objektivierung der Frauen die Grundlage ihrer Unterwerfung ist.

Der biologische Körper ist gesellschaftlich

Beauvoir beginnt *Das andere Geschlecht* mit einer Untersuchung des physiologischen Körpers anhand der biologischen Unterschiede zwischen Männchen und Weibchen, und dies vor allem bei der menschlichen Spezies. Selbst wenn viele ihrer Daten und wissenschaftlichen Theorien veraltet sind, haben ihre Argumente inhaltlich Bestand. Ihre Überlegung lautet: Zwischen Männchen und Weibchen gibt es biologische Unterschiede; diese Unterschiede sind so beschaffen, dass die Weibchen weniger stark sind als die Männchen; und dass es eine »Unterordnung der Frau unter die Art« gibt,[4] während die Biologie den Männern die Unabhängigkeit ermöglicht.

Die Entfremdung der Frauen durch ihren Körper

Auf der Ebene des physiologischen Körpers sind die Frauen bereits untergeordnet, doch ist dies keine Unterwerfung unter den Mann: Der physiologische Körper der Frau ordnet sie der Spezies unter. Männer wie Frauen haben einen physiologischen Körper. Auf dieser Ebene gibt es somit keine Machtverhältnisse zwischen Männern und Frauen, sie haben lediglich unterschiedliche physische Attribute. Hingegen gibt es bei den Frauen eine spezielle Form der Unterordnung: die »Unterwerfung der Frauen unter die Art«.[5] Während die Männer reine Individuen sein können, insofern der Fortbestand der Spezies von ihnen nicht verlangt, dass sie sich gegen die Erfordernisse ihrer Individualität stellen,[6] verlangt der Fortbestand der Spezies, dass die Frauen ihre Individualität negieren. Laut Beauvoir gibt es Körperpartien der Frau, die für das Individuum nicht von Interesse sind (zum Beispiel die Brustdrüsen); es gibt Momente im Leben einer Frau, in denen sie für die Spezies und gegen sich selbst arbeitet, und »[dieser Tyrannei der Art] kann man nicht entrinnen, da sie das individuelle Leben nicht nur unterjocht, sondern gleichzeitig speist«.[7] Beauvoir schreibt, »die Schwangerschaft ist [...] eine anstrengende Belastung, die der Frau keinen persönlichen Vorteil bringt, sondern ihr im Gegenteil schwere Opfer abverlangt«.[8] Auch wenn viele von Beauvoirs Leserinnen ihr vorgeworfen haben mögen, dass sie die Vorteile und Freuden der Schwangerschaft und des Stillens übersehe, ist ihre Argumentation darum nicht weniger stichhaltig: Auf alle Fälle offenbaren diese Erfahrungen einen Konflikt zwischen Individualität und Fortpflanzung.

Diese Unterjochung unter die Spezies, die sie auch als »Unterordnung«[9] oder »Knechtschaft«[10] bezeichnet, begründet nicht mehr als einen einfachen Unterschied zwischen Männern und Frauen und erklärt von daher nicht die Unterwerfung der Frauen unter Männer. Dennoch erzeugt der physiologische Körper der Frau gemäß Beauvoir eine innere Spaltung und einen inneren Konflikt: Menstruation, Schwangerschaft und Stillen werden als Momente des »Konflikt[s] zwischen Spezies und Individuum« dargestellt,[11] in denen die Frau durch ihren Körper in ihrer Individualität negiert wird. Aufgrund dieser Momente »*ist* die Frau wie der Mann ihr Körper: aber ihr Körper ist etwas anderes als sie.«[12] Ihr Körper ist der Ort des Fortbestands der Art, doch dieser Fortbestand erfolgt auf Kosten des Individuums. Die Leiblichkeit der Frau ist so beschaffen, dass das Modell eines vom Leib gelösten Subjekts, das über seinen Körper herrscht, unangemessen ist.

Der gesellschaftliche Charakter des physiologischen Körpers

Gestützt auf dieses Argument, machten einige Kommentatorinnen[13] den Fehler zu glauben, Beauvoir vertrete einen biologischen Determinismus. Dabei bekräftigt sie am Ende dieses Kapitels im Gegenteil, dass die biologischen Unterschiede nicht als solche zählen, sondern erst in dem Moment von Bedeutung sind, in dem sie gesellschaftlich als wichtig definiert werden:

> Eine Gesellschaft ist schließlich keine Spezies: in ihr verwirklicht sich die Spezies als Existenz; sie transzendiert sich auf die Welt und auf die Zukunft hin. Ihre Sitten leiten sich nicht aus der Biologie ab. Die Individuen sind nie ihrer Natur überlassen, sie gehorchen jener zweiten Natur, der Sitte, in der sich die Wünsche und Ängste spiegeln, die ihre ontologische Einstellung ausdrücken. Nicht als bloßer Körper, sondern als Körper, der Tabus und Gesetzen unterworfen ist, wird sich das Subjekt seiner selbst bewußt, erfüllt es sich: Es bewertet sich selbst nach einem bestimmten Wertesystem. Und es ist nicht die Physiologie, die Werte begründen könnte: vielmehr nehmen die biologischen Gegebenheiten die Werte an, die der Existierende ihnen gibt. Wenn die Achtung oder die Angst vor der Frau verbieten, ihr gegenüber Gewalt anzuwenden, ist die überlegene Muskelkraft des Mannes keine Quelle der Macht.[14]

Im Grunde neigt man intuitiv dazu, das Problem falsch herum aufzuzäumen und aus der physischen Schwäche der Frauen den natürlichen Grund für ihre gesellschaftliche Unterlegenheit zu machen. In Wirklichkeit ist der physiologische Körper als solcher kein Bedeutungsträger, er möchte an sich nichts besagen, ist aber die Trägersubstanz gesellschaftlicher Bedeutungen. Auch wenn die Frauen auf der Ebene der Körperkraft den Männern tatsächlich unterlegen sind, ist diese Unterlegenheit nur von Bedeutung, wenn ihr die Gesellschaft einen Wert verleiht (in einer Gesellschaft, die der Körperkraft keinen Wert beimisst, zählt dieser Unterschied zwischen Mann und Frau nicht).

Kurz, der physiologische Körper der Frauen ist auf zwei Ebenen wichtig: zum einen weil er die physiologische Grundlage der Art und Weise darstellt, wie die Frauen ihren Körper leben, und zum anderen aufgrund der Bedeutung, die ihm mittels der gesellschaftlichen Normen beigemessen wird:

> Daher müssen die biologischen Gegebenheiten im Licht eines ontologischen, ökonomischen, sozialen und psychologischen Zusammenhangs untersucht werden. Die Unterwerfung der Frau unter die Art und die Grenzen ihrer individuellen Fähigkeiten sind außerordentlich wichtige Tatsachen; der Körper der Frau ist eines der wesentlichen Elemente für die Situation, die sie in der Welt einnimmt. Aber andererseits genügt er auch nicht, um sie zu definieren; er hat nur gelebte Realität, sofern er vom Bewußtsein durch Handlungen und innerhalb einer Gesellschaft bejaht wird. Die Biologie reicht nicht aus, um eine Antwort auf die Frage zu geben, die uns beschäftigt: warum ist die Frau *das Andere*? Es geht darum, zu erfahren, wie im Lauf der Geschichte die Natur in ihr aufgenommen worden ist, es geht darum, zu erfahren, was die Menschheit aus dem menschlichen Weibchen gemacht hat.[15]

Um zu verstehen, was eine Frau ist, können wir daher weder auf eine Philosophie des Körpers verzichten noch den physiologischen Körper der Frau außer Acht lassen. Doch sollten wir uns nicht täuschen lassen: Der physiologische Körper gestaltet das Schicksal der Frau nicht, er ist nur die *Trägersubstanz* eines Schicksals, das gesellschaftlich konstituiert und dann im Körper heimisch wird. Am Schluss des Buches macht Beauvoir ein Gedankenexperiment, in dem sie zeigt, dass eine nichtsexistische Erziehung junger Mädchen die Bedeutung und damit die Erfahrung ihres physiologischen Körpers gänzlich verändern würde: Weit entfernt von dem Ekel und der Angst, die sie in den Kapiteln über die »Kindheit« und »Das junge Mädchen« beschrieben hatte, würde die Pubertät dann in aller Ruhe gemeistert werden.[16] Wir sehen also, dass der physiologische Körper der Frauen durch die Beschreibung seiner Faktualität nicht voll erfasst werden kann; er ist vor allem ein erlebter Körper.

Ein erlebter Körper, der objektiviert werden kann: Was Männern und Frauen gemeinsam ist

Beauvoir widerlegt so die Vorstellung, die Biologie könne die Unterlegenheit der Frauen begründen, doch anerkennt sie deshalb nicht weniger die Bedeutung des Körpers für die Gestaltung der gesellschaftlichen Stellung der Frauen. Um diese zu beleuchten, macht sie sich die phänomenologische Unterscheidung zwischen dem physiologischen Körper und dem erlebten Körper zu eigen, die sie der phänomenologischen Tradition entlehnt: Wie wir gesehen haben, muss die Phänomenologie gemäß Husserl den Körper als erlebte Erfahrung beschreiben und analysieren, und Merleau-Ponty, ein Phänomenologe und Freund Beauvoirs, zeigt, dass den Körper zu studieren beinhaltet, zu analysieren, wie uns unser Körper erscheint und wie wir ihn erfahren. Ihm zufolge lautet die Devise der Phänomenologie, zu einem vorwissenschaftlichen Leben des Bewusstseins zurückzukehren.[17] Um zu verstehen, was der Körper ist, muss man somit »zum Körper selbst« zurückkehren, das heißt zum Körper, wie wir ihn erfahren und wie er uns erscheint, noch bevor wir anfangen, ein theoretisches Wissen über ihn zu haben. Der cartesianische Dualismus und die Subjekt/Objekt-Dichotomie, die ihrem Prinzip nach ebenfalls in diesem Dualismus verwurzelt ist, hindern uns, die Realität der Erfahrung des Körpers zu denken, die eine Erfahrung der Verbindung von mir und der Welt ist. Der Körper ist nicht etwas, was wir besitzen, er ist unser allgemeines Medium, um eine Welt zu haben.

Der erlebte Körper

Beauvoir nimmt für sich ganz klar diesen Merleau-Ponty'schen Begriff des erlebten Körpers in Anspruch: »wenn in der Perspektive, die ich einnehme und die der von Heidegger, Sartre und Merleau-Ponty entspricht, der Körper kein *Ding* ist, ist er eine Situation: er ist unser Zugriff auf die Welt und der erste Ansatz zu unseren Entwürfen«.[18] Beauvoir ergreift eindeutig Position für den direkt von Merleau-Ponty geerbten Begriff des erlebten Körpers: »nicht der von den Wissenschaftlern beschriebene Objekt-Körper existiert wirklich, sondern der vom Subjekt erlebte Körper«.[19] Sie lehnt die Vorstellung vom Körper als einem Ding ab. Frauen wie Männer werden von der Art und Weise bestimmt, wie sie ihren Körper erleben. Ihr Körper ist eines der Mittel, durch die die Welt für die Individuen schon immer eine Bedeutung hat, da er das Medium ist, durch das sie Zugriff auf die Welt haben.

Der erlebte Körper unterscheidet sich von Individuum zu Individuum, insofern er eine subjektive Erfahrung des physiologischen Körpers ist. Ebenso könnte man sagen, dass die erlebten Körper von Individuum zu Individuum inkommensurabel und nicht vergleichbar sind. Der erlebte Körper ist die Erfahrung, ein Körper zu sein, und nicht nur, einen Körper zu *haben*. »Da der Körper das Instrument für unseren Zugriff auf die Welt ist«,[20] erzeugen die Unterschiede zwischen den physiologischen Körpern aber gleichwohl Unterschiede in der Art und Weise, wie der Körper erlebt und die Welt wahrgenommen wird. Die Unterwerfung des Körpers der Frauen unter die Spezies hat mithin Konsequenzen für den erlebten Körper der Frauen und ihre Wahrnehmung der Welt. Dieser Punkt tritt in Beauvoirs kurzer Beschreibung der Folgen der Menopause klar zutage:

> Nun ist die Frau von den Zwängen ihrer Weiblichkeit befreit. Sie ist aber nicht mit einem Eunuchen vergleichbar, denn ihre Vitalität ist noch vollständig vorhanden. Gleichwohl ist sie nicht länger Mächten unterworfen, die über sie hinausgehen: sie stimmt mit sich selbst überein.[21]

Diese Argumentation betont durch die Gegenüberstellung, wie sehr die Frauen über Menstruation, Schwangerschaft und Stillen sich selbst entfremdet werden.[22] Die Erfahrung, die sie von ihrem Körper machen, ist die Erfahrung, anders, fremd zu sein: Die Menstruation vermittelt der Frau den Eindruck, dass sich in ihrem Körper etwas abspielt, das nicht sie ist und auf das sie keinen Zugriff hat. Die Frau empfindet die Schwangerschaft »als Bereicherung und

Verstümmelung zugleich. Der Fötus ist ein Teil ihres Körpers, und er ist ein Parasit, der von ihr zehrt. Sie besitzt ihn, und sie wird von ihm besessen«.[23] Außerdem weiß sie, dass die Entfremdung der Schwangerschaft bei der Geburt in ihrem Tod oder in dem des Kindes gipfeln kann, auch wenn die Risiken heute geringer sind als früher. Schließlich ist das Stillen ein schmerzhafter, »kräftezehrender Dienst«, der den Körper der Frau dem Kind zur Verfügung stellt.

Diese Entfremdung hat verschiedene Konsequenzen. Erstens gibt es bei der Frau in ihrer Beziehung zu ihrem eigenen Körper eine Spaltung. Sie kann ihren Körper nicht vollständig als ihren Körper betrachten: »sie empfindet ihren Körper [...] als ein opakes, entfremdetes Ding: er ist einem eigensinnigen, fremden Leben ausgeliefert«.[24] Zweitens macht sie das Leben der Frau zweideutig: Sie ist ein Subjekt, und als solches *hat* sie ihren Körper in derselben Zeit, in der sie ihr Körper *ist*, und gleichzeitig ist sie *nicht* ihr Körper, insofern ihr dieser Körper als gegen sie gerichtet erscheinen mag.

Beauvoir sagt nicht, dass die zweideutige Erfahrung, die die Frauen von ihrem Körper machen, ihre Unterwerfung auslöst. Doch in einem gewissen Sinne präpariert diese Erfahrung sie dafür oder stellt die Grundlage dar, die rechtfertigen kann, dass sie sich als passive Wesen betrachten, die von äußeren Kräften bewegt werden, das heißt als entfremdete Wesen. Das wird deutlich, wenn man das Vokabular analysiert, das Beauvoir auf den ersten Seiten des Kapitels »Die biologischen Gegebenheiten« verwendet, und im zweiten Buch die Seiten, die der Pubertät gewidmet sind, die in ihren Augen den Ausgangspunkt der Unterwerfung darstellt. In beiden Fällen begreift sich die Frau als »Beute«;[25] sie macht die Erfahrung ihrer »Entfremdung«,[26] sie ist »passiv«.[27] Indem sie in beiden Fällen auf das Vokabular der Knechtschaft zurückgreift (»Knechtschaft«, »Knecht«, »Unterjochung«, »Unterwerfung«), hebt Beauvoir die Analogie zwischen den Erfahrungen der Entfremdung im physiologischen Körper und in der Pubertät hervor, das heißt im erlebten Körper. So ist das Nebeneinander dieser Entfremdung und der Objektivierung das, was eigentlich den Vollzug der Unterwerfung erlaubt.

Der Objekt-Körper

Beauvoir bedient sich der Unterscheidung Merleau-Pontys zwischen dem Körper als Objekt und dem erlebten Körper, legt aber eine eigene Analyse des Körpers der Frau vor, indem sie sich an Sartres Überlegungen zu der Art und Weise anlehnt, wie der andere meinen Körper in ein Objekt transformiert. Während Merleau-Ponty den Gegensatz von Subjekt und Objekt verwirft und seine Philosophie des Körpers um diese Verwerfung herum aufbaut, ist für Sartre der Körper der paradigmatische Ort der Objektivierung.

In *Das Sein und das Nichts* ist die Philosophie des Körpers untrennbar mit dem Begriff der Alterität verbunden. Sartre stützt sich auf Hegel, um die interpersonellen Beziehungen als »Konflikt der Bewußtseine« zu verstehen. Jedes Individuum ist zunächst ein einzelnes und isoliertes Individuum – das Sartre als ein Für-sich-Sein bezeichnet, das seiner gewärtig ist –, das durch eine Faktizität gekennzeichnet ist, die es transzendieren muss. Dann macht das Individuum die Erfahrung der Existenz anderer. Diese Erfahrung stellt Sartre sofort als negativ dar und wertet sie als Ausdruck der Scham.[28] Sartre fasst das Auftauchen des andern folgendermaßen zusammen:

> Er ist das, was Anderes ist als ich, er bietet sich also als unwesentlicher Gegenstand mit dem Charakter des Negativen dar. Aber dieser andere ist auch ein Selbstbewußtsein. So wie er mir als ein gemeiner Gegenstand erscheint, versenkt in das Sein des Lebens. Und genau so erscheine ich dem Andern: »als unmittelbares, sinnliches und *konkretes* Dasein«.[29]

Sartre entfaltet ein individuelles und phänomenologisches Verständnis des Kampfs um Anerkennung. In Wirklichkeit erscheint mir der andere vor allem als »Auge«,[30] als ein Blick, der mich sieht und aus meinem Sein ein Gesehenwerden macht. Als solcher wird der andere nicht in erster Linie als ein Objekt wahrgenommen, sondern als ein Blick, der aus mir ein Objekt macht.[31] Er offenbart mein Sein-für-den-andern.

Der Blick des anderen bringt mich dazu, meinen Körper als Körper-für-die-anderen zu betrachten, das heißt als ein Objekt, und ich betrachte den Körper der anderen als Objekt. Die Beziehung zum andern lässt mich meinen Körper-für-mich von meinem Körper-für-andere unterscheiden: die erste Erfahrung, die ich von meinem Körper habe, ist die Erfahrung meines Körpers-für-andere, das heißt meines Körpers als Bewusstsein, und die Beziehung zum anderen transformiert meinen Körper in einen Körper-für-den-anderen. Insofern ist entscheidend, dass für Sartre der Körper nicht als das erscheint, was er ist, das heißt als Faktum, das in meinem Für-mich-Sein wesentlich ist; er erscheint dem Subjekt nur und wird nur zum Ort der Befragung aufgrund der Konfrontation mit dem anderen: »dieses Objekt, das der Andere für mich ist, und dieses Objekt, das ich für den Anderen bin, manifestieren sich *als Körper*. Was ist also mein Körper? Was ist der Körper des Andern?«[32]

Nur ausgehend von der Erfahrung des anderen fange ich an, mich nach meinem Körper zu fragen und erscheint mir mein Körper als »mein Körper«.[33]

Durch die Begegnung mit dem anderen erscheint der Körper als in zwei grundlegend verschiedene Erfahrungen geteilt: Entweder ist mein Körper der Körper-für-sich, der mein Körper ist, so wie ich ihn selbst wahrnehme, oder der Körper-für-andere, der ein Objekt ist.[34] Sartre interessiert sich nicht dafür, wie ich meinen eigenen Körper als Zugriff auf die Welt erfahre, noch dafür, wie der Körper des andern mir erscheint. Denn der andere erscheint nicht als ein Körper, sondern als ein Blick oder als bloßes Vorhandensein (wie zum Beispiel die Bewegung in den Zweigen eines Baumes oder die Schritte im Flur), die mein Gesehen-Werden auslösen und mir bewusst machen, wie mein Körper zu einem Körper-für-andere wird.

Der Körper-für-sich ist das, was ich bin, er ist von meinem Vorhandensein in der Welt nicht zu trennen. Insofern habe ich ihn nicht, ich bin ihn; er ist für mich kein Objekt;[35] er bringt meine Faktizität zum Ausdruck.[36] Diese Unmittelbarkeit meiner Beziehung zu meinem Körper wird durch das Zusammentreffen mit dem anderen negiert, der mich begreifen lässt, dass mein Körper für ihn etwas Äußeres ist, ein Objekt. Der Körper-für-den-andern ist mein vom andern objektivierter und damit entfremdeter Körper: »der Körper-für-den-andern *ist* der Körper-für-uns, aber unerfaßbar und entfremdet«,[37] der Körper, der mich einschüchtert, der Körper, für den ich mich schäme. Diese beiden Körper sind aufeinander irreduzibel, und Sartre lehnt die Vorstellung von einer Einheit des Körpers ab, durch die der Körper-für-uns und der Körper-für-den-andern als eine einzige Realität erlebt werden.

Der Körper-für den-andern ist eine Erfahrung der Entfremdung, die für das Subjekt unerträglich ist: Indem der andere mich mit seinem Blick objektiviert, besitzt er mich. Die Entfremdung der Objektivierung macht den Konflikt mit dem anderen unvermeidlich:

> Alles, was für mich gilt, gilt auch für den Andern. Während ich versuche, mich vom Zugriff des Andern zu befreien, versucht der Andere, sich von meinem zu befreien; während ich danach trachte, den Andern zu unterwerfen, trachtet der Andere danach, mich zu unterwerfen. Es handelt sich hier keineswegs um einseitige Beziehungen zu einem Objekt-an-sich, sondern um gegenseitige und veränderliche Beziehungen. Die folgenden Beschreibungen müssen also in der Perspektive des *Konflikts* betrachtet werden. Der Konflikt ist der ursprüngliche Sinn des Für-Andere-seins.[38]

Die konfliktvolle Beziehung zum andern ist für Sartres Philosophie des Körpers zentral: Die Beziehung zum andern ist eine entfremdende Beziehung der Objektivierung. Ich kämpfe notwendig gegen den anderen, um mich der Entfremdung zu widersetzen, die er mich empfinden lässt, und so meinen Status eines Subjekts zu wahren.

Die Entfremdung der Frauen: der erlebte objektivierte Körper

Die zentrale Stellung der Objektivierung in Beauvoirs Philosophie des Körpers führt sie dazu, zwei spezifisch weibliche Erfahrungen des Körpers zu unterscheiden: Erstens werden die Körper der Frauen nach einer gesellschaftlichen Skala objektiviert, wobei diese Objektivierung vor der Erfahrung besteht, die Frauen von ihrem eigenen Körper haben können. Zweitens bestimmt diese strukturelle Objektivierung die Erfahrung, die Frauen von ihrem eigenen Körper haben können, wobei nur Frauen die Erfahrung eines als objektiviert erlebten Körpers haben.

Die Objektivierung der Frauen ist gesellschaftlich

Eines der zentralen Ziele des ersten Bandes des *Anderen Geschlechts* besteht darin, zu zeigen, dass die Männer ihre Stellung eines Subjekts stets behaupten, indem sie die Frauen in Objekte transformieren. Wie Claude Lévi-Strauss zeigt, werden die Frauen in der Ehe und in Verwandtschaftsverhältnissen als Tauschobjekte angesehen; in den Mythen und in der Literatur werden die Frauen zu Objekten der Begierde. In dem Kapitel, das Beauvoir den Mythen widmet, zeigt sie, dass die ständige Objektivierung der Frauen in den Mythen eine ständige Objektivierung ihres Körpers ist: Der weibliche Körper wird mal als Beute, mal als Quelle der Abscheu, mal als Eigentum betrachtet. In allen Fällen schaffen die Männer ein Bild von sich selbst als Subjekte, als Helden, als Krieger, indem sie den Körper der Frau zum Objekt machen.

Wenn die interpersonellen Beziehungen bei Sartre so aussehen, dass zwei Personen, die sich in einem Konflikt der Bewusstseine befinden,[39] zugleich Subjekte (Sein-für-sich) und Objekte (Sein-für-andere) sind, erlaubt die gesellschaftliche Struktur der Geschlechterungleichheit den Männern, sich systematisch als Subjekte zu definieren, indem sie die Frauen als Objekte definieren. So sind die Frauen nicht zugleich Subjekte und Objekte, sondern zunächst und vor allem Sein-für-den-anderen, für die Männer. Eine Frau zu sein bedeutet nicht nur, den Körper einer Frau zu haben und in einem Körper zu leben, sondern bedeutet auch, einen gesellschaftlichen Körper zu haben, der objektiviert wird. In interpersonellen Beziehungen können männliche und weibliche Körper objektiviert werden, doch ist diese Objektivierung akzidentiell. Dementgegen verleiht die gesellschaftliche Struktur der Geschlechterungleichheit den Männern eine solche Macht, dass die akzidentielle Objektivierung zu einer strukturellen und chronologisch zuerst bestehenden wird: Während die Männer zunächst Subjekte sind und sich über den Blick des anderen als Objekte erfahren können, sind die Frauen zunächst Objekte. Somit werden die Körper der Frauen objektiviert, noch bevor sie sie als eigenen/erlebten Körper erfahren könnten.

Die bloße Tatsache, dass die Frauen in ihrem erlebten Körper entfremdet sind, würde nicht genügen, um sie als Andere zu konstituieren: Erst der Blick der Männer lässt sie in einer Alterität erstarren, der sie nicht entkommen können.

Bei den interpersonellen Beziehungen, die Sartre beschreibt, erscheint mir der andere als ein anderer in Bezug auf den einen, der ich bin. Das Alltagsleben bringt jedoch ununterbrochen die relative Dimension dieser Alterität zutage: Ich sehe sehr wohl, dass der andere sich als den einen sieht und mich als einen anderen. Diese Relativität der Alterität des anderen ist auf der Ebene gesellschaftlicher Gruppen durch den Austausch noch stärker: Wenn ich ins Ausland gehe, sehe ich, dass ich ihnen fremd bin und dass ich dadurch in ein Objekt transformiert werde, das der Objektivierung der Fremden gleicht, die ich beobachte, wenn ich keiner von ihnen bin. Die Frau wird vom Mann hingegen sowohl auf der individuellen als auch auf der gesellschaftlichen Ebene als das Andere konstituiert, das heißt als eine absolute und nicht relative Alterität. Die Besonderheit der Objektivierung der Frauen tritt klar zutage: Zu sagen, die Frau sei das Andere, bedeutet zu betonen, dass sie eben nicht in die Wechselseitigkeit der Alterität einbezogen ist. Ihre Alterität ist absolut und schließt sie von jeder Wechselseitigkeit aus. Am Beispiel von Eva zeigt Beauvoir, dass die Frau als »ein bloßer Zufall«, »als das Unwesentliche« und als »ein von Natur aus untergeordnetes Bewußtsein« verstanden wird.[40] Dieser unwesentliche, nicht bedrohliche Status wird mit der Doppelnatur der Frau gerechtfertigt:

> Sie ist der ersehnte Mittelweg zwischen der dem Mann fremden Natur und dem Gleichen, der zu identisch mit ihm ist. [...] Die Frau setzt dem Mann weder das feindselige Schweigen der Natur noch den rigorosen Anspruch einer wechselseitigen Anerkennung entgegen. Aufgrund eines einzigartigen Vorzugs ist sie ein Bewußtsein, und dennoch scheint es möglich, sie in ihrem Fleische zu besitzen.[41]

Dank ihrer gesellschaftlichen Macht konnten die Männer aus der Frau ein Anderes machen, das heißt sie als ein außergewöhnlich zweideutiges Wesen behandeln, das über genügend Bewusstsein verfügt, um die Männer als Subjekte anzuerkennen, gleichzeitig aber durch ihren Körper einem Ding gleicht. So besteht die männliche Herrschaft gemäß Beauvoir darin, den Frauen das Schicksal zuzuweisen, eine Art von Wesen zu sein, dessen Körper ein Objekt ist, dessen Körper Fleisch ist. Angesichts dieses Loses erweist sich die Unterwerfung als logischer Schluss.

Der Körper ist, noch bevor er erlebt wird, ein Objekt

Da die Objektivierung des Körpers der Frauen Teil der Gesellschaftsstruktur ist, geht sie der Erfahrung voraus, die jede Frau von ihrem Körper machen kann. Insofern verlangt sie eine andere Unterscheidung: Ebenso wie menschliche Wesen physiologische Körper haben und die Erfahrung, die sie damit machen, aus ihnen erlebte Körper macht, hat eine Frau einen objektivierten Körper, und die Erfahrung, die sie damit macht, konstituiert sie als einen erlebten objektivierten Körper.

Diese Vorstellung unterscheidet sich grundlegend von der des Körpers-für-den-anderen: Die Objektivierung des Körpers der Frauen beginnt nicht mit interpersonellen Beziehungen, sondern ist etwas, was diesen vorausgeht. Beauvoir treibt diese Vorstellung in ihrer Analyse der Pubertät zu Beginn des zweiten Buches klar weiter. Ihr zufolge stellt sich die Pubertät ein, wenn der Körper des jungen Mädchens zu »Fleisch« wird.[42] Diese Transformation ist natürlich eine Transformation des physiologischen Körpers. Doch suggeriert die detaillierte Beschreibung, die Beauvoir am Ende des ersten Kapitels des zweiten Buches gibt (»Kindheit«), dass die Pubertät ein Übergang des einen erlebten Körpers in einen anderen ist und dass dieser Übergang erfolgt, indem man sich seines Körpers als eines objektivierten Körpers bewusst wird: »Jetzt schwellen die Brüste unter dem Pullover, unter der Bluse, und der Körper, den das Mädchen mit sich selbst gleichsetzte, will ihm nun als fremdes Fleisch erscheinen. Plötzlich ist er ein Objekt, das andere sehen und betrachten.«[43] Fleisch zu werden erfolgt nicht über die physiologische Entwicklung des Körpers.

Dann beschreibt Beauvoir eine weithin geteilte Erfahrung der Pubertät: Fleisch zu werden erfolgt für das junge Mädchen über den entsetzlichen Schock, den für sie die Bewusstwerdung darstellt, betrachtet zu werden. Beauvoir zitiert eine Frau, die von ihrer ersten Erfahrung mit einem Kommentar zu ihrer Physis auf der Straße im Alter von dreizehn Jahren berichtet und sagt: »aber ich werde nie den Schock vergessen, den ich empfand, als ich mich plötzlich *gesehen sah*«.[44] Ab der Pubertät wird eine Frau die Erfahrung eines Körpers machen, der objektiviert wird, noch bevor er ein Körper-für-mich sein kann: Im öffentlichen Raum, auf der Straße, aber auch bei familiären Interaktionen wird das junge Mädchen plötzlich begreifen, dass ihr Körper durch den Blick der Männer sexualisiert wird. Während sie bislang keine besondere Aufmerksamkeit auf sich gezogen hat, wird sie sich nun gesehen, examiniert, begehrt sehen. Gewissermaßen wird sie sich bewusst werden müssen, dass ihr Körper mit der Pubertät zu etwas wird, das ihr nicht mehr gehört, das nicht mehr ihr Körper ist, sondern ein Frauenkörper, das heißt im Blick der Männer, ein Objekt der Begierde. Hier sieht man die Stärke der Beauvoir'schen Phänomenologie: Beauvoir gelingt es, eine dermaßen verbreitete Erfahrung der Weiblichkeit anschaulich zu machen, dass bestimmte soziologische Studien über die Belästigung auf der Straße und ihre Auswirkungen auf junge Mädchen diese Seiten des *Anderen Geschlechts* noch heute als die beste Zusammenfassung des von ihnen beschriebenen Phänomens ansehen.[45] Noch heute wird die Pubertät als Übergang vom Körper zum Fleisch erlebt, durch den dem jungen Mädchen bewusst wird, dass ihr Körper nicht in erster Linie *ihr* Körper ist, sondern etwas, was sie in der Welt als eine mögliche Beute erscheinen lässt.

Dieser Übergang offenbart eine Vorgängigkeit, die für die weibliche Erfahrung spezifisch ist. Noch bevor das junge Mädchen ganz zur Frau wird und ihren Körper einer Frau zu erleben beginnt, hat dieser Körper die gesellschaftliche Bedeutung eines Sexualobjekts. Ihr Körper-für-sich ist zuerst ein Körper-für-den-andern, ein Körper, der ihr signalisiert, dass sie imstande ist, sexuell besessen zu werden. Anstatt in der von Sartre beschriebenen Situation zu sein, sich selbst als Subjekt zu wissen und sich dann als Objekt für den andern zu entdecken, führen die Belästigung auf der Straße und die sexualisierten Kommentare zu ihrem im Wandel begriffenen Körper dazu, dass sie sich ihrer als ein Objekt bewusst wird, noch bevor sie diesen neuen Körper vollständig erleben kann. Dies erklärt die Reaktionen der Scham und des Ekels vieler junger Mädchen in der Pubertät, die diesen neuen Körper ablehnen, der eine oft unbegreifliche Aufmerksamkeit auf sich zieht. Über diese Erfahrung der Entfremdung in der Pubertät stellt Beauvoir eine der zentralen Thesen des zweiten Buches auf: Zu verstehen, was eine Frau ist, bedeutet zu verstehen, was es heißt, in der ersten Person, das heißt als ein Subjekt, einen Körper zu erleben, der zuerst – durch den Blick des Mannes – als ein Objekt konstituiert wird.

Vom Objekt-Körper zur passiven Beute

Dieser Schnelldurchgang durch die Beauvoir'sche Analyse des Körpers der Frauen zeigt, dass der Körper der Frauen vier Dimensionen hat: Er ist ein physiologischer Körper, ein erlebter Körper, ein akzidentiell objektivierter Körper und ein als bereits strukturell objektiviert erlebter Körper. Die Existenz dieser vier Dimensionen – anstatt der zwei Dimensionen bei Merleau-Ponty und Sartre – ist eine Folge der Gesellschaftsordnung: Die gesellschaftliche Überlegenheit der Männer erlaubt ihnen, die Frauen als Objekte zu konstruieren und mithin ihre Körper als objektiviert, als Körper-für-den-anderen. Diese phänomenologische Analyse des Körpers der Frauen ist schon an sich erhellend und erlaubt Beauvoir zu erklären, wie die Unterwerfung der Frauen funktioniert.

Denn Beauvoir zeigt, dass die Objektivierung des Körpers der Frauen durch die Männer die Frauen dazu verleitet, dem von ihnen erwarteten Status des Anderen zu entsprechen. Wie wir gesehen haben, fühlt sich das Mädchen durch die Erfahrung der Transformation ihres Körpers bereits von ihrem Körper entfremdet. Der männliche Blick verstärkt diese Entfremdung noch, indem er dem Mädchen Komplimente für einen Körper macht, den sie schon jetzt kaum noch als den ihren ansieht. Mit seiner Bemerkung macht der Mann den Körper des Mädchens zu einem Körper für ihn und nicht länger zu einem Körper für sie. Beauvoir liefert eine detaillierte Beschreibung des Leids, das durch die Erfahrung eines Körpers, genauer gesagt eines Fleisches hervorgerufen wird, das immer schon als Objekt der Begierde konstruiert ist. Dieses Leid führt dazu, dass das junge Mädchen den Zugriff verliert, den es auf seinen Körper hatte, das heißt den Zugriff auf ihr Mittel, in der Welt zu sein:

> Die Lüge, zu der man das junge Mädchen verurteilt, besteht vor allem darin, daß es vortäuschen muß, ein Objekt zu sein, und zwar ein kostbares Objekt, obwohl es sich selbst als eine unsichere, versprengte Existenz empfindet und seine Makel kennt. Schminke, Dauerwellen, eingeschnürte Wespentaillen und »verstärkte« Büstenhalter sind Lügen. Das Gesicht selbst wird zur Maske: gekonnt

> ruft man den passenden spontanen Ausdruck hervor, mimt begeisterte Passivität. Nichts verwundert mehr, als wenn in Ausübung der weiblichen Funktion plötzlich eine altvertraute Physiognomie an der betreffenden Person zutage tritt. Ihre Transzendenz verleugnet sich und imitiert die Immanenz. Der Blick sieht nicht mehr, er reflektiert. Der Körper lebt nicht mehr, er wartet. Jede Geste, jedes Lächeln wird zum Appell. Entwaffnet, verfügbar, ist die Jugendliche nur noch eine dargebotene Blume, eine zu pflückende Frucht. Der Mann ist es, der sie zu diesen Täuschungsmanövern ermutigt, indem er getäuscht zu werden verlangt: anschließend ärgert er sich, klagt an. Wenn das Mädchen aber keine List anwendet, reagiert er gleichgültig bis feindselig. Locken läßt er sich nur von einer Frau, die ihn hereinlegt. Als Blume dargeboten, ist sie es, die auf Beute lauert. Ihre Passivität dient einem Unternehmen. Sie macht ihre Schwäche zum Werkzeug ihrer Kraft. Da es ihr verboten ist, offen anzugreifen, ist sie zum Ränkespiel und zur Berechnung genötigt. Es liegt in ihrem eigenen Interesse, sich scheinbar gratis anzubieten. So wird man ihr denn vorwerfen, perfide und verräterisch zu sein. Und das ist sie tatsächlich, es stimmt. Aber es stimmt auch, daß sie gezwungen ist, dem Mann den Mythos ihrer Unterwerfung anzubieten, weil er die Herrschaft verlangt.[46]

In diesem Kontext nimmt das junge Mädchen die Tatsache, dass es Fleisch ist, das heißt ein Objekt für die Männer, als ein Schicksal wahr, dem man sich nicht entziehen kann. In der Tat zeigt man ihr ständig die Vorteile, die sie hat, wenn sie gegen ihre Rolle einer Beute nicht aufbegehrt. So hat sie einerseits die Freiheit, sich für die verführerische Passivität zu entscheiden, und andererseits kann man in einer solchen Entscheidung keine moralische Verfehlung im eigentlichen Sinne sehen, da die Erfahrung, die sie von ihrem Körper als immer schon objektiviert macht, sie dazu bringt zu glauben, dass sie keine andere Wahl hat, als anders zu sein.

Die durch den physiologischen Körper erzeugte Entfremdung, die im Kontext der männlichen Objektivierung erlebt wird, führt dazu, dass Frauen sich selbst als dazu bestimmt betrachten, passives und unterwürfiges Fleisch zu sein. Die Unterwerfung erscheint ihnen als das erwartete, vorgeschriebene Verhalten. Noch wichtiger ist, dass die Unterwerfung in den Körpern der Frauen so sehr fleischgeworden ist, dass sie sich von ihrer Erotik nicht trennen lässt: Auch wenn es Rousseau missfällt – der bei seiner Verurteilung der Unterwerfung die Lust vergessen zu haben scheint, die ihm die Schläge von Madame de Warens bereiteten –, wird die Unterwerfung nicht immer als ein Verzicht auf die Freiheit erlebt, sondern erscheint zuweilen als ein Weg zu unendlichen Wonnen.

8
Wonne oder Unterdrückung: die Doppeldeutigkeit der Unterwerfung

Das zweite Buch des *Anderen Geschlechts* kann man als eine ausführliche Beschreibung all der Formen lesen, die die Unterwerfung der Frauen annimmt, und der Größe der Verlockung, die die Unterwerfung für sie darstellt. Der zweifellos wichtigste und am meisten tabuisierte Punkt, den Beauvoir anspricht, ist der folgende: In der Unterwerfung liegt für die Frau etwas Lustvolles. Das bedeutet nicht, dass die Frauen von Natur aus zur Unterwerfung bestimmt sind – Beauvoir zeigt im Gegenteil, dass die Lust an der Unterwerfung aus der spezifischen Situation der Frau erwächst. Es bedeutet auch nicht, dass die Unterwerfung immer lustvoll ist, noch, dass die Lust an der Unterwerfung das Unglück überwiegt, das sie mit sich bringen kann. Dennoch ist die Wahrheit, die Beauvoir zutage bringt, offensichtlich – selbst wenn sie skandalös erscheint: Die Unterwerfung hat ihren Reiz. Beauvoir beschreibt detailreich die »Wonnen der Passivität«,[1] die ein junges Mädchen genießt, wenn es sich zur sexuellen Beute macht, die Lust der verheirateten Frau, über ihr Inneres zu herrschen, die Freude der Mutter, sich von ihrem Kind zu entfremden.

Die Schönheit

Indem Beauvoir diese Lust herausstellt, enthüllt sie die Doppeldeutigkeit der Unterwerfung: Entgegen dem, was ihre negative Konnotation vermuten lassen könnte, hat die Unterwerfung positive und negative Aspekte; sie ist gewollt und nicht gewollt; sie ist eine Kapitulation vor dem Mann und eine Macht über ihn; sie ist eine Quelle der Lust und zum Scheitern verurteilt. Ein gutes Beispiel für diese Doppeldeutigkeiten ist die Unterwerfung, die sich im Verhältnis der Frauen zur Schönheit ausdrückt. Wie Beauvoir zeigt, hat die Schönheit bei Männern und Frauen nicht dieselbe Bedeutung: »Das Ziel der Moden, denen sie unterworfen ist, besteht nicht darin, sie als autonomes Individuum hervorzuheben. Es ist ganz im Gegenteil darauf ausgerichtet, sie von ihrer Transzendenz abzuschneiden, um sie dem männlichen Begehren als Beute darzubieten.«[2] Diese »Berufung zum Sexualobjekt«[3] wird von den Frauen jedoch nicht als Übel empfunden. Im Gegenteil genießen es die Frauen, sich zur fleischlichen Beute zu machen, den Samt und die Seide zu berühren, in die sie sich hüllen, sich selbst zu inszenieren und das Begehren der Männer zu wecken. Die Frauen erlangen erotische Macht über die Männer, indem sie akzeptieren, sich zur Beute zu machen. Doch die Lust an der Unterwerfung hat ihre Kehrseite: In Wirklichkeit zeigt der Putz der Frauen vor allem, dass die Männer die Schönheit der Frauen zu einer Demonstration ihrer Macht machen. Beauvoir beschreibt mit der für sie typischen spitzen Feder das bekannte Phänomen der Trophäenfrau folgendermaßen:

> Von Mann zu Mann nimmt das Fest die Gestalt eines Potlatch an. Jeder bietet allen anderen den Anblick des weib-

> lichen Körpers, der sein eigen ist, zum Geschenk dar. Im Abendkleid findet sich die Frau zum Vergnügen aller Männer und zum Stolz ihres Besitzers als Frau verkleidet wieder.[4]

Von Helena von Troja bis zu den Models von *Sex and the City* wiederholt sich dasselbe Phänomen: Die Männer bedienen sich der Schönheit der Frauen, um ihre Macht zu zeigen. Alles in der Erziehung der Frauen führt sie dazu, sich an diesem Wettbewerb aktiv zu beteiligen, ohne die Sackgasse zu sehen, in die er führt: In ihrem Bemühen, für die Männer ein Objekt der Begierde zu sein, verschwindet die Frau als Subjekt. Auch wenn es ihr Lust bereitet, verleugnet sie sich in dem Moment, in dem sie glaubt, sich zu beweisen.

Allgemeiner gesagt, stürzt der Versuch, sich durch ihre physische Erscheinung auszuzeichnen, die Frau in eine endlose Abhängigkeit, da sie eines Blicks von außen bedarf, um sich, ihren Wert und ihre Identität einzuschätzen.

Die weiblichen Illusionen, die die Unterwerfung strukturieren, sind für Beauvoir auch eine Gelegenheit, Bemerkungen zu machen, die nach der Weinstein-Affäre von einer irritierenden Aktualität sind. Beauvoir schreibt in einem Kommentar zu dem, was wir heute als Gefühl des *empowerment* bezeichnen würden und das bei den Frauen durch das Betreiben von Sport entsteht:

> Mehr denn je macht es den Frauen heutzutage Spaß, durch Sport, Gymnastik, Bäder, Massagen und verschiedene Diäten auf ihren Körper einzuwirken. […] In Leibesübungen behauptet sie sich als Subjekt. Sie befreit sich gewissermaßen von der Kontingenz ihres Körpers. Aber diese Befreiung verkehrt sich leicht in neue Abhängigkeit. Der Hollywoodstar triumphiert über die Natur, findet sich aber

in den Händen des Filmproduzenten als passives Objekt wieder.[5]

Ganz gleich, welches Vergnügen die Verwandlung in ein passives und verführerisches Objekt bereitet, das Ergebnis ist, dass die Objekt-Frau den Mann und seinen Blick braucht, um zu existieren. Dieser Blick wird die Frau, wenn ihr Unternehmen gelingt, nicht als ein Subjekt sehen, sondern als ein Beute-Objekt, das bereit ist, verschlungen zu werden.

Die Aufgabe aus Liebe

Sich zu einem passiven erotischen Objekt zu machen ist eine der Modalitäten der Unterwerfung der Frauen. Eine andere, vielleicht schwerer zu vermeidende und zu umgehende ist die Versuchung der Hingabe, um nicht zu sagen Aufgabe, die bei der liebenden Frau auftritt. Diese Versuchung ist diejenige, die Beauvoir am meisten beschäftigt: Sie hat sie in der ersten Zeit ihrer Beziehung mit Sartre selbst erlebt, und sie spricht in ihren Memoiren mit Entsetzen darüber. So schreibt sie zu ihrer Ernennung zur Lehrerin in Marseille, weit weg von Sartre: »Ich hoffte, daß sie mich gegen die Versuchung stärken würde, die in den letzten zwei Jahren immer wieder an mich herangetreten war: aufzugeben. Mein ganzes Leben sollte ich eine ungute Erinnerung an diese Zeit bewahren, als ich fürchtete, meine Jugend zu verraten.«[6] Darüber hinaus erzählen die Memoiren insgesamt von einer Beauvoir, die vielleicht nicht ganz aufgegeben hat – insofern sie Schriftstellerin wird oder ein eigenständiges Leben führt –, die aber ihr ganzes Leben lang Sartre als ihr überlegen betrachtet. Seit ihren ersten Diskussionen, wie denen vor dem Medici-Brunnen im Jardin du Luxembourg, unterwirft sie sich dem, was sie als seine offensichtliche Überlegenheit begreift:

> Zum erstenmal in meinem Leben fühlte ich mich geistig von einem anderen beherrscht. [...] Dann mußte ich zugeben, daß ich geschlagen war: im übrigen hatte ich im Laufe der Debatte bemerkt, daß viele meiner Meinungen nur auf Vorurteilen, auf Unrichtigkeit oder Oberflächlichkeit beruhten, daß meine Beweisführungen hinkten und meine Ideen verworren waren.[7]

Obwohl Beauvoir die *Memoiren einer Tochter aus gutem Hause* neun Jahre nach *Das andere Geschlecht* schreibt, betrachtet sie ihre Niederlage nicht als eine Folge irgendeiner Arroganz Sartres – obwohl sie einige Seiten zuvor erzählt, wie Sartre ihr bei der Mitteilung ihrer Zulassung zur Agrégation, die er ein Jahr zuvor nicht geschafft hatte, erklärte, »von jetzt an werde ich mich um Sie kümmern«[8] –, sondern als Zeichen einer Unterlegenheit, die in ihren Augen nie bestritten wurde. Gegenüber Sartre präsentiert sie sich trotz ihrer tatsächlichen wechselseitigen Beeinflussung in ihren ganzen Memoiren als Zweite, als Schriftstellerin, während er ein wahrer Philosoph ist, als Kommentatorin, während er ein Schöpfer ist. In *In den besten Jahren* führt sie ihre Entscheidung für die Literatur und gegen die Philosophie klar auf ihre Unterlegenheit gegenüber Sartre zurück.[9] Allgemein tendieren aktuelle Studien über die wechselseitige Beeinflussung von Beauvoir und Sartre dazu, zu zeigen, dass Beauvoir in ihren Memoiren alle Spuren ihrer philosophischen Arbeit und ihres Einflusses auf Sartre verwischt hat, so als sei es darum gegangen, den Mythos von seiner Überlegenheit über sie um jeden Preis aufrechtzuerhalten.[10]

Das andere Geschlecht

In ihrem gesamten Werk ist es Beauvoir gelungen, die Versuchung der Aufgabe der liebenden Frau durch eine Variierung der Sichtweisen und Ansätze zu beschreiben. Im *Anderen Geschlecht* widmet sie viele Seiten der Weise, in der die Liebe bei den Frauen den Charakter der Aufgabe annimmt, das heißt der Selbstverleugnung für den anderen. Der Ausgangspunkt ihrer Analyse der Liebenden lautet: »Das Wort ›Liebe‹ hat für beide Geschlechter keineswegs den gleichen Sinn. Darin liegt eine Quelle der schweren Missverständnisse, die zwischen ihnen herrschen«.[11] Das Verhältnis der Männer zur Liebe ist das des Eroberers. Die Liebe bestimmt nicht ihre Existenz, so dass, selbst wenn sie verzweifelt lieben, ihr Kummer nur von kurzer Dauer ist und ihre Identität nicht angefochten wird. Umgekehrt gleicht für die Frauen die Liebe einer Abdankung des Selbst: Die weibliche Liebe besteht oft darin, »sich mit Leib und Seele in demjenigen zu verlieren, den man ihr als das Absolute, das Wesentliche bezeichnet«.[12] In dieser Unterscheidung findet sich Beauvoirs Bemühen wieder, bestehende Kategorien entgegen ihrer vorgeblichen Natürlichkeit zu historisieren: Es gibt keine unveränderliche Natur der Liebe, ebenso wenig wie es eine unveränderliche Natur der Weiblichkeit gibt. Liebe ist ein Gefühl, das durch eine bestimmte historische, ökonomische und soziale Situation entsteht. Von daher ist es nicht überraschend, dass sich die Form, in der in einer Gesellschaft der Geschlechtsunterschied kodiert wird, in den Vorstellungen von der Liebe widerspiegelt.

Die Liebe ist für die Frauen eine besonders tiefe Form der Unterwerfung: Oft versucht die Liebende, in dem Mann, den sie liebt, aufzugehen, ihre Identität aufzugeben. Indem sie diesen Mann in eine Art Gott verwandelt, ist es ihr eine

Freude, ihm zu dienen, und sie gewinnt in ihrer Selbstverleugnung ein Gefühl für sich selbst. Beauvoir stützt sich auf die Schriften von Juliette Drouet, Colette, Mme d'Agoult, Violette Leduc und vielen anderen Frauen, auf die Analysen von Helene Deutsch und auf ihre eigenen Beobachtungen, um diese Liebesunterwerfung ans Licht zu bringen, deren spontaner Wunsch klar ist: »ihm alles zu sein«.[13]

Beauvoir gibt sich nicht damit zufrieden, die wesentlichen Merkmale dieser Aufgabe zu beschreiben, sondern zeigt auch ihre Sackgassen und Lügen auf. Die unterwürfige Liebende ist kein Opfer für den Mann, den sie liebt: Erstens verlangt weder der einzelne Mann noch die Natur der Geschlechter eine solche Liebe, sondern die Situation, in der sich die Frauen befinden. Weil die Frau, »eingeschlossen in die Sphäre des Relativen, seit ihrer Kindheit dem Mann bestimmt, daran gewöhnt, in ihm einen Herrscher zu sehen, mit dem sie sich nicht messen darf«,[14] die Liebe als eine Unterwerfung betrachtet.

Zweitens birgt diese Unterwerfung ein künftiges Scheitern in sich, so unabhängig sie auch von den tatsächlichen Eigenschaften des geliebten Mannes ist: »Er ist nicht imstande, diejenige, die sich seiner Verehrung widmet, zu rechtfertigen.«[15] Um ihre Aufgabe zu rechtfertigen, schreibt die Frau dem geliebten Mann nahezu göttliche Eigenschaften zu, die jene Aufgabe rechtfertigen. Der Widerspruch zwischen den Eigenschaften, die der auserwählte Mann bräuchte, um die Aufgabe zu seinen Gunsten zu rechtfertigen, und seinen tatsächlichen Eigenschaften offenbart die Doppeldeutigkeit der Unterwerfung: Da kein menschliches Wesen einem Gott gleichkommen kann, handelt sich jede Frau, die sich aus Liebe einem Mann unterwirft, Enttäuschungen ein. Warum wurde für jemanden, der es so wenig verdient, alles aufgegeben?

Ausgehend von dieser Frage zeigt Beauvoir, wie die Unterwerfung in die Machtübernahme und Beherrschung umschlagen kann: Wenn die Frau im Mann nicht die Rechtfertigung ihrer Existenz findet, die sie sich erhoffte, wenn der Mann nicht dankbar genug erscheint für das Opfer, das sie für ihn gebracht zu haben glaubt, »verwandelt sich ihre Großzügigkeit sogleich in Ansprüche«.[16] Dies ist die unausweichliche Sackgasse der Liebesunterwerfung: »Mit Freuden dient sie ihm: aber er muss diesen Dienst dankbar anerkennen. Die Gabe wird Anspruch, wie die gewöhnliche Dialektik der Hingabe es verlangt.«[17] Indem sie sich zur Sklavin macht, übernimmt die Frau eine Art von Macht über den Mann; sie glaubt, dass ihr Opfer dem Mann Pflichten auferlegt. Aus Liebe macht sie sich zur Sklavin und legt ihm Ketten an.

Beauvoir, Romancière der unterwürfigen Liebe

Bei der konkreten Ausgestaltung der Analyse dieser Liebesunterwerfung verleiht Beauvoir ihrer Porträtierung dieses Phänomens noch mehr Tiefe, indem sie die Sichtweisen und Formen der Ich-Erzählungen im Laufe ihres Werkes variiert. In *Die Mandarins von Paris*, das sie 1954 veröffentlicht, konstruiert Beauvoir die Figur der Paule, einer verliebten Frau, die sich ganz Henri, dem Mann, den sie liebt, hingibt und ihn so erstickt. Im Gegensatz zu Anne, einer anderen weiblichen Figur, die es ablehnt, »eine Karriere als Ehefrau zu machen«,[18] opfert sich Paule für Henri total auf. Als er mit einer anderen Frau auf Reportage gehen möchte, lehnt sie dies ab, erpresst ihn, nutzt ihre Aufgabe, um ihn am Gehen zu hindern. Sie sagt ihm: »Ich akzeptiere alles an dir, alles!« Er antwortet: »Wenn du leiden willst, sobald ich das unternehme, wozu ich Lust habe, dann muß ich zwischen meiner Freiheit und dir wählen.«[19] Hier finden wir wieder die Doppeldeutigkeit der Aufgabe aus Liebe: Die Frau, die den Mann zu ihrem ganzen Leben macht, findet in ihrer Aufgabe Gründe, ihm Ketten anzulegen. Und so bringt sie den Mann in eine Position, in der er diese überbordende Liebe nur zurückweisen und die Frau damit in die Angst versetzen kann, das zu verlieren, was sie ausmacht.

Die Beziehung zwischen Paule und Henri zeigt den Unterschied zwischen der männlichen Liebe und der weiblichen Liebe sehr deutlich. Paule erkennt dies selbst: Als Henri ihren Dissens auf ein Missverständnis hinsichtlich der Natur der Liebe zurückführt, antwortet sie ihm: »Ich weiß, was du sagen willst: mir bedeutet die Liebe mein ganzes Leben, und du willst, daß sie nur einen Teil deines Lebens ausmacht. Das weiß ich, und ich bin damit einverstanden.«[20] Ihre Aufgabe geht so weit, dass sie sich zu ihrer Abhängigkeit bekennt und nicht aus ihr ausbrechen will. Im weiteren Verlauf des Romans vertieft sich Paules Unterwerfung unter Henri und mit ihr die unausweichliche Zurückweisung, die sie hervorruft. Beauvoir zeigt eine Paule, die immer mehr aufgibt und sich dabei über die Paradoxien ihrer Unterwerfung im Klaren ist. So sagt sie zu Henri:

> Da ich dich so haben wollte, wie ich dich mir erträumte, und nicht, wie du wirklich bist, schob ich mich dir gegenüber in den Vordergrund; ich war voreingenommen, aber das ist zu Ende. Nur du giltst, ich habe nichts zu sagen. Ich finde mich damit ab, daß ich nichts bin, und nehme alles von dir entgegen. [...] ich war zu stolz. Es ist eben nicht leicht, Verzicht zu leisten: Aber jetzt schwöre ich dir: ich verlange nichts mehr für mich selbst. Du allein zählst und du kannst alles von mir verlangen.[21]

Das Beispiel von Paule ist klar und deutlich: Die Liebesunterwerfung versetzt die Frau in einen Zustand totaler Abhängigkeit, und aufgrund der beinahe aggressiven Logik der Hingabe, die demjenigen, der sich hingibt, das Gefühl vermittelt, mit seiner völligen Ergebenheit für den anderen Verpflichtungen zu schaffen, wird diese Unterwerfung gleichzeitig systematisch zu weit mehr als einer einfachen Aufgabe. Durch ihre Unterwerfung wälzt die Frau die Last, im Leben einen Sinn zu finden, auf den Mann ab und maßt sich über ihn eine Macht an, die fast genauso groß ist wie die Macht, die der Mann über sie hat, indem er der Unermesslichkeit des Opfers, das ihm dargebracht wird, gerecht werden muss.

Ob es sich um die Figur der Paule oder um die Erzählerin von *Eine gebrochene Frau* handelt, die von ihrem Mann und ihren Töchtern trotz ihrer absoluten Unterwerfung verlassen wurde, Beauvoir zeigt die Doppeldeutigkeiten der Unterwerfung: Gegen den Anschein der totalen, einseitigen Aufgabe ist die Unterwerfung eine Form der Hingabe, die den anderen zu binden hofft, dadurch aber zum Scheitern verurteilt ist: Die liebende Frau verschreibt sich ganz dem anderen in der Hoffnung, durch ihn eine Rechtfertigung für ihre Existenz zu finden, und gleichzeitig möchte sie, dass er sich ihr ebenso absolut verschreibt, wie sie sich ihm verschreibt, was beider Leben sinnlos machen würde. Die liebende Frau sagt, sie wolle nichts anderes sein als ihre Aufopferung für den Mann, den sie liebt, doch legt sie ihm, indem sie ihn braucht, Ketten an. So verdammt diese Liebe sie zum Warten und zum Verlassenwerden: Während die Liebe der Subjektivität und dem Ehrgeiz des Mannes nicht schadet, verurteilt die weibliche Liebe die Frau dazu, bestenfalls Penelope zu sein, die auf Odysseus wartet, und schlimmstenfalls Dido, die mitten in der Nacht von Äneas verlassen wurde, den die Götter des Olymp daran erinnerten, dass er Besseres zu tun habe, als sich in der Liebe zu einer Frau zu verlieren.

Die Macht der Unterwerfung

Wenn Beauvoir anhand des Begriffs der Situation und ihrer Philosophie des als Objekt erlebten Körpers zeigt, dass die Wahl, über die die Frauen verfügen, durch die männliche Dominanz begrenzt ist, so glaubt sie doch auch, dass die Frauen in den westlichen Gesellschaften zum Teil eine Wahlmöglichkeit behalten. Gemäß der Unterscheidung, die sie in *Für eine Moral der Doppelsinnigkeit* zwischen der in einen Harem eingesperrten Frau und der westlichen Frau macht, glaubt Beauvoir, dass es unterschiedliche Grade von Zwängen gibt und folglich unterschiedliche Grade der Komplizenschaft mit den Männern: Manche Frauen sind nicht komplett dazu gezwungen und unterwerfen sich trotzdem. Wie sie 1947 schrieb, »wäre es widersprüchlich, willentlich nicht frei sein zu wollen; doch man kann wollen, nicht frei zu sein«.[22] Das Problem lautet dann, zu verstehen, was die Unterwerfung der Frauen begründet, die die Freiheit wählen könnten.

Eine aktive Passivität

Diese Frauen werden nicht nur von der blinden Gewalt beherrscht, die die Männer verkörpern, sondern *sie unterwerfen sich*. Sie sind also, wie die Verbform zeigt, in dieser Situation, die ihre Passivität zu bezeugen scheint, aktiv.

Beauvoir schreibt: »Sich zum Objekt *machen*, sich passiv *geben* ist etwas ganz anderes als ein passives Objekt *sein.*«[23] Die Unterwerfung kann in erster Linie als eine Haltung verstanden werden, als etwas, was nicht von außen auferlegt wird, sondern als etwas, was man selbst macht. Das ist zum Beispiel bei der Frau der Fall, die sich vor dem Ausgehen zurechtmacht, die sich epiliert, in ein Korsett schlüpft, ihr Haar glättet, sich schminkt, um sich zu einem hübschen Objekt zu machen. Zweifellos wird sie als ein Objekt erscheinen, aber dieses Objekt hat sie selbst fabriziert.

Beauvoir widmet einen ganzen Teil des zweiten Buchs dem, was sie »Rechtfertigungen« nennt. Das sind der Narzissmus, die Liebe und die Mystik, die allesamt für die Frauen Wege sind, der Negativität ihres Schicksals zu entkommen, indem sie es rechtfertigen, also »diese letzte – manchmal lächerliche, oft pathetische – Anstrengung der Frau, ihr Gefängnis in himmlische Herrlichkeit und ihre Hörigkeit in souveräne Freiheit zu verwandeln«.[24] Mit diesen Figuren zeigt sie, dass in der Selbstvernichtung eine Form von Macht liegt.

Auch wenn, wie wir gesehen haben, Beauvoir die Anwendung der Dialektik von Herr und Knecht auf die Beziehung von Mann und Frau ablehnt, erklärt sie die Einwilligung der Frauen in die Unterwerfung mit einer anderen Dialektik, der der Dienerin und ihrem Idol. Dabei handelt es sich nicht um eine Dialektik der Beziehung der Frau zum Mann, sondern um eine Dialektik ihrer Beziehung zu sich selbst, die durch den Blick des Mannes vermittelt ist. Diese Dialektik ist zum Beispiel bei der verheirateten Frau offenkundig.

> Der Mann interessiert sich nur in bescheidenem Maße für sein Wohnen, weil das ganze Universum ihm offen-

> steht und er sich in Entwürfen behaupten kann. Ganz anders die Frau: sie ist in der ehelichen Gemeinschaft eingeschlossen. Für sie geht es darum, dieses Gefängnis in ein Königreich zu verwandeln. Ihre Einstellung zu Haus und Heim wird von der gleichen Dialektik bestimmt, die ihr Frausein im allgemeinen definiert: sie nimmt, indem sie sich zur Beute macht, sie befreit sich, indem sie abdankt. Indem sie auf die Welt verzichtet, will sie sich eine Welt erobern.[25]

In dieser Dialektik vereinigen sich verschiedene Dimensionen: Zunächst erklärt sich diese Dialektik mit der ökonomischen und sozialen Situation der Frau. Für Beauvoir macht vor allem ihre Beschränkung auf das Haus die Frau zur Unterlegenen. Da die Frau vom Mann ökonomisch und sozial abhängig ist, hat sie keine Wahl: Sie muss sich verheiraten, sie muss sich für die Männer zur Beute machen. Beauvoir betont regelmäßig, dass sich die Frau nicht aus freien Stücken unterwirft. Von dem kleinen Mädchen, das die Jungen beneidet, die auf die Bäume klettern, bis zu der Mutter, die trotz ihrer Lage sicherstellt, dass ihre Tochter nicht autonomer sein wird als sie, wird die Frau gegenüber der sich ihr aufdrängenden Unterwerfung ständig als gleichermaßen verdrossen und resigniert beschrieben. So eröffnet sich ihr eine dialektische Bewegung, die eine Möglichkeit darstellt, sich innerhalb ihrer Unterdrückung zum Subjekt zu machen. Indem sie sich als Herrin eines Königreichs versteht, das ihr Heim ist, verwandelt die Frau ihre Unterdrückung in Allmacht.

So ist die Unterwerfung für sie eine Möglichkeit, die Macht zu ergreifen. Diese Machtergreifung ist laut Beauvoir eine Art Selbstbetrug, da sie darin besteht, die Suche nach Transzendenz auf das Heim zu übertragen, während das Hausfrauendasein die Frauen in die unwiderrufliche Immanenz taucht. Dennoch zieht die Frau daraus Nutzen, und genau darin liegt die Stärke der Beauvoir'schen Analyse: Ihr gelingt es, verständlich zu machen, dass es eine Einwilligung der Frauen in ihre Unterwerfung gibt, dass diese Einwilligung aber nicht sinnlos ist, da sie der Frau tatsächlich erlaubt, nicht bloß ein Schicksal hinnehmen zu müssen, das ihr aufgezwungen wird.

Die Unterwerfung zeigt sich so in ihrer ganzen Doppeldeutigkeit: Sie ist offenbar die einzige Strategie, über die die Frau verfügt, um souverän zu werden und eine Art Herrschaft über sich und die Welt zu erlangen, die mit Autonomie zu tun hat. Beauvoir betont die Doppeldeutigkeit, indem sie die sadomasochistischen Praktiken der Frauen als Beispiel heranzieht, seien es die Praktiken der Selbstverstümmelung junger Mädchen oder das, was sie als den Sadomasochismus der Mutter bezeichnet. Sie beschreibt die Selbstverstümmelung junger Mädchen folgendermaßen:

> Zur passiven Beute bestimmt, erhebt sie bis in die Tatsache hinein, daß sie Schmerz und Ekel erträgt, Anspruch auf ihre Freiheit. Wenn sie sich mutwillig einen Schnitt oder eine Brandwunde zufügt, protestiert sie gegen die Penetration, die sie entjungfern wird: sie protestiert, indem sie den sexuellen Vorgang für nichtig erklärt. Masochistisch insofern, als sie Schmerzen bereitwillig annimmt, ist sie vor allem aber sadistisch: als autonomes Subjekt peinigt, verhöhnt, quält sie dieses anhängige Fleisch, dieses zur Unterwerfung verdammte Fleisch, das sie verabscheut, ohne sich indessen von ihm lossagen zu wollen. Denn sie entscheidet sich nicht unter allen Umständen, ihr Schicksal authentisch abzulehnen. Die sado-masochistischen Praktiken implizieren eine fundamentale Unaufrichtigkeit: wenn die Halbwüchsige sich ihnen hingibt, so weil sie gerade über ihre Ablehnung ihre Zukunft

> als Frau akzeptiert. Sie würde sich nicht haßerfüllt ins eigene Fleisch schneiden, hätte sie sich nicht zuvor als Fleisch anerkannt. Sogar ihre Gewaltausbrüche haben den Hintergrund einer Resignation.[26]

Nun sehen wir, wie die Einwilligung in die Unterwerfung funktioniert: Die Halbwüchsige ist unaufrichtig, da sie sich im Zangengriff eines Schicksals befindet, das sie ablehnt, und des Verlangens nach diesem Schicksal; des Wunsches, Beute zu sein, und der Weigerung, die Freiheit aufzugeben. Mehr noch handelt es sich um Unaufrichtigkeit, weil das junge Mädchen sich weigert, sich mit einem massiven Problem auseinanderzusetzen, das sich ihr stellt, nämlich die Lust an der (Auto-)Objektivierung, das heißt an der Tatsache, sich selbst zum Objekt zu machen oder zum Objekt gemacht zu werden.

Die Vorteile der Unterwerfung

Beauvoir zeigt, dass die Frau kein rein passives Opfer der Unterdrückung ist, dass sie davon Vorteile hat. Es ist nicht einfach so, dass die Frau sich über ihre Macht täuscht, um die Tatsache zu ertragen, dass sie kein Subjekt ist, weil sie keinen Zugang zu der Suche nach Transzendenz hat, die sich nur in der Welt, inmitten der anderen, in jener öffentlichen Welt einstellt, zu der sie keinen Zugang hat. Beauvoir zeigt, dass es eine positive Lust an der Unterwerfung gibt.

Erstens analysieren ihre Kapitel über das junge Mädchen, über die sexuelle Initiation und über die Erotik die Konstitution der weiblichen Erotik und zeigen, dass sie von dem Verlangen nach Objektivierung strukturiert wird, was Beauvoir mehrfach als »Wonnen der Passivität« bezeichnet. Die weibliche Erotik wird von einer begrifflichen Trias strukturiert: Unterwerfung-Objekt-Passivität. Zum Beispiel erklärt Beauvoir:

> [...] die weibliche Sexualität [wird] im Zuge ihrer Entwicklung von jenem religiösen Gefühl durchdrungen, das die Frau schon als Kind dem Mann entgegengebracht hat. Freilich erlebt das kleine Mädchen vor dem Beichtvater und sogar vor dem leeren Altar ein ganz ähnliches Erschauern wie später in den Armen des Liebhabers, denn die weibliche Lust ist eine Art der Erfahrung, in der sich ein Bewußtsein zum Objekt für ein Sein macht, das es transzendiert. Was die junge Gläubige im Dunkel der Kirche genießt, sind nicht zuletzt solche passiven Wonnen. [...] alles lädt dazu ein, sich im Traum den Armen der Männer hinzugeben, um sich in himmlische Herrlichkeiten entführen zu lassen. Das Mädchen lernt, daß es, um glücklich zu sein, geliebt werden muß, und daß es, um geliebt zu werden, auf die Liebe warten muß.[27]

Es gibt eine Besonderheit der Erotik des Mädchens, die bewirkt, dass sie von der Passivität, vom Besitz träumt. Diese Erotik geht offensichtlich auf das Konto der Erziehung und Ideologie: Man bringt dem kleinen Mädchen bei, sich an ein Weiblichkeitsideal anzupassen, das ihm diktiert wird. Doch ist sie auch eine Folge der Lust und der Macht, die die Frau aus ihrer Objektivierung schöpfen kann:

> Eine Weigerung, das Andere zu sein, eine Ablehnung der Komplizenschaft mit dem Mann hieße für die Frau, auf alle Vorteile zu verzichten, die das Bündnis mit der höheren Kaste ihr bringen kann. Der Mann als Herrscher wird die Frau als Hörige materiell beschützen und es übernehmen, ihre Existenz zu rechtfertigen: mit dem ökono-

> mischen umgeht sie auch das metaphysische Risiko einer Freiheit, die ihre Ziele ohne Hilfe erfinden muß. Neben dem ethischen Anspruch jedes Individuums, sich als Subjekt zu behaupten, gibt es in ihm die Versuchung, seine Freiheit zu fliehen und sich als Ding zu konstituieren: ein unheilvoller Weg, denn passiv, entfremdet, verloren, ist es fremden Willen ausgeliefert, von seiner Transzendenz abgeschnitten, jeden Wertes beraubt. Aber es ist ein bequemer Weg: man vermeidet so die Angst und Spannung einer selbstverantwortlichen Existenz. Der Mann, der die Frau als eine *Andere* konstituiert, trifft bei ihr also auf weitgehendes Einverständnis. Die Frau erhebt nicht den Anspruch, Subjekt zu sein, weil ihr die konkreten Möglichkeiten dazu fehlen, weil sie ihre Bindung an den Mann als notwendig empfindet, ohne deren Reziprozität zu setzen, und weil sie sich oft in ihrer Rolle als *Andere* gefällt.[28]

Indem man sich weigert, ein Subjekt zu sein, und sich zum Objekt macht, kann jedes menschliche Wesen die Kosten der Freiheit vermeiden. Aber bei der Beziehung von Mann und Frau liegt das Problem vor der Dialektik von Herr und Knecht: Noch bevor man sich entscheidet, ob man das Risiko zu sterben eingeht oder nicht, muss man sich als ein Subjekt begreifen und wollen, dass man als solches anerkannt wird. Wenn die wirtschaftliche und gesellschaftliche Situation der Frauen den Antrieb zu ihrer Transzendenz blockiert, gibt es auch eine individuelle und gewählte Freude an der Alterität, die die Unterwerfung erklärt. Die soziale Konditionierung ist immer gegenwärtig – insofern ist Beauvoirs Denken entschieden anti-essentialistisch –, doch lagert sie sich im Denken der Frauen ab als eine Art innere Kolonisierung.

Beauvoir weist somit verschiedene Faktoren für das Einverständnis mit der Unterwerfung auf: Dieses Einverständnis hat vor allem politische, gesellschaftliche und wirtschaftliche Gründe, die auf die männliche Dominanz zurückgehen, doch resultiert es auch aus einer Lust an der Unterwerfung, die die Besonderheit der Unterdrückung der Frauen ausmacht: Aufgrund des »ursprünglichen *Mitseins*«, das sie mit den Männern teilen, ist die Entlohnung, wenn sie den Erwartungen des Unterdrückers entsprechen, für sie sehr viel größer als für andere unterdrückte Gruppen. So versteht man, dass die Frauen, die sich unterwerfen, in ein Schicksal einwilligen, das ihnen nach einer Art Kosten-Nutzen-Rechnung beschieden ist, bei der die Wonnen der Unterwerfung die Gefahren der Freiheit überwiegen.

9
Freiheit und Unterwerfung

Ist man sich mit Beauvoir der geläufigen und vielfältigen Formen der weiblichen Unterwerfung bewusst geworden, dann bleibt doch ein Rätsel: Warum unterwerfen sich die Frauen? Wenn man die liebende Frau betrachtet, den Hollywood-Star, die aufblühende Hausfrau und Mutter, die Frau des Wissenschaftlers, die für ihn die Archive durchforstet, sehen viele von ihnen weder unglücklich noch so aus, als seien sie zu irgendetwas gezwungen. Bedeutet dies, dass sie ihre Unterwerfung *wählen*? Eine solche Hypothese scheint unhaltbar, schon allein deshalb, weil diese Frauen ihre Wahl nicht als Unterwerfung oder ihre Unterwerfung nicht als Wahl bezeichnen. Entweder handelt es sich um eine Wahl oder um eine Unterwerfung. Die Entscheidung, sich zu unterwerfen, scheint unmöglich oder einigen Perversen und Masochisten vorbehalten zu sein: Die Unterwerfung kann nur als letztes Mittel gerechtfertigt werden, wie bei einem Krieger, der sich unterwerfen oder sterben muss. Wie ist dann das Spannungsverhältnis zwischen unserer fast instinktiven Verurteilung der Unterwerfung auf der einen Seite und ihrer Gewöhnlichkeit und Alltäglichkeit auf der anderen Seite zu verstehen? Wie ist vor allem zu verstehen, dass es eine typisch weibliche Unterwerfung zu geben scheint? Bedeutet dies, dass die Frauen unmoralischer sind als die Männer, oder, dass die Unterwerfung für die Frauen nicht unmoralisch ist?

Ist es unmoralisch, sich zu unterwerfen?

Wenn es um Unterwerfung geht, lautet die spontane Reaktion Ablehnung: Die Unterwerfung erscheint als ein moralischer Mangel, und man hofft, dass es einem gelingt, sich davor zu bewahren. Mit Ausnahme ganz bestimmter Umstände, wie sadomasochistische Sexspiele, reklamiert niemand für sich, unterwürfig zu sein. Diese starke Reaktion, in der die Negativität zum Ausdruck kommt, die man spontan mit der Unterwerfung assoziiert, ist ein Hindernis, wenn man die Unterwerfung – insbesondere der Frauen – denken will. Sie führt dazu, sich instinktiv zu weigern, bei sich das kleinste Unterwerfungsverhalten zu sehen, und bei denjenigen, die man verurteilt oder von denen man sich vollkommen zu unterscheiden glaubt, nur Unterwerfung zu sehen. Wenn man also in der Lage sein möchte, die Unterwerfung in dem zu untersuchen, was sie an Alltäglichem hat, muss es gerade gelingen zu klären, worauf die Ablehnung beruht, die unser Denken abschirmt.

Bei dem Vergleich der Figur des besiegten Kriegers, der nicht anders kann, als sich zu unterwerfen, mit der Figur der unterwürfigen Frau haben wir gesehen, dass die Frau als Figur den Typus der gewählten Unterwerfung verkörpert. Der Krieger wählt nicht, sich zu unterwerfen, doch die Frau scheint dies zu wählen, und genau diese Wahl ist unverständlich, wenn man nicht eine weibliche Natur postuliert, die sie zur Unterwerfung treibt. Wenn die Frau nicht von Natur aus unterwürfig ist, dann ist sie es aufgrund einer Wahl. Aufgrund ihrer Freiheit scheint diese Wahl aber in Widerspruch zu ihrem Gegenstand zu stehen: Wenn ich frei bin zu wählen, weshalb sollte ich dann wählen, nicht frei zu sein?

Die Unterwerfung als Alltagsverhalten ist der philosophischen Analyse entgangen. Die politischen Philosophen haben sich wiederum für die Frage der Unterwerfung des Volkes unter einen oder mehrere Führer interessiert. Unter dem Begriff des Problems der politischen Pflicht interessieren sich diese Philosophen für folgende Fragen: Wie ist zu erklären, dass Individuen dem König oder den Gesetzen gehorchen? Wie funktioniert dieser Gehorsam? Ist dieser Gehorsam eine Unterwerfung, und wenn ja, steht sie in Gegensatz zur Freiheit der Subjekte? Im Kontext dieser Fragen haben La Boétie und Rousseau das Schicksal der freiwilligen Knechtschaft besiegelt: Die Menschen sind von Natur aus ursprünglich frei, und aufgrund dieser Natur ist es ein moralisches Versagen, die Unterwerfung zu wählen, da dies ein Verzicht auf das ist, was die menschliche Natur ausmacht.

Gegen diese Vorstellung macht sich Beauvoir in *Das andere Geschlecht* die existentialistische Hypothese Sartres in einer Weise zu eigen, die ihr erlaubt, einen Ausweg aus dieser Sackgasse zu finden und zu zeigen, dass es nicht moralische Minderwertigkeit ist, was die Frauen dazu bringt, in ihre Unterwerfung einzuwilligen. Wie wir gesehen haben, erlaubt die Übernahme der phänomenologischen Methode Beauvoir, die Unterwerfung zu beschreiben. Gleichwohl genügt die phänomenologische Methode nicht, um zu erklären, dass die Frauen die Unterwerfung akzeptieren, und sie genügt noch weniger, um dem Rechnung zu tragen, was Beauvoir »die Wonnen der Passivität« nennt. Erst durch die Verbindung der phänomenologischen Methode mit der existentialistischen Philosophie der Freiheit gelingt es Beauvoir, die Wahl der Unterwerfung verständlich zu machen und die Gründe aufzuzeigen, weshalb es sich eher um eine Einwilligung als um eine Wahl im eigentlichen Sinne handelt.

Eine existentialistische Perspektive

Beauvoir bekräftigt schon in der Einleitung, dass sie das einnimmt, was sie als »Perspektive [...] der existentialistischen Ethik« bezeichnet.[1] Diese Formulierung ist wichtig: Entgegen den Vorurteilen, denen zufolge *Das andere Geschlecht* lediglich eine Anwendung der Philosophie Sartres sei, sieht man hier, dass Beauvoir die existentialistische Ethik nicht als ein philosophisches System oder als eine Werkzeugkiste begreift, sondern als eine »Perspektive«.

Die Philosophin Michèle Le Dœuff zeigt, dass Beauvoir den Existentialismus stark modifiziert, und zwar in einem solchen Maße, dass sie seine Bedeutung und Brauchbarkeit komplett verändert. *Das Sein und das Nichts* ist von einem Androzentrismus strukturiert,[2] der an Sexismus grenzt,[3] und das existentialistische System Sartres macht es unmöglich, die Unterwerfung zu denken, und, weiter gefasst, die Gesellschaft, da allein das Individuum und sein Verhältnis zur Freiheit im Mittelpunkt stehen.[4] Somit scheint es *a priori* unmöglich, dieses System für eine Analyse und Kritik der Unterdrückung der Frauen zu benutzen. Dennoch macht Beauvoir genau das. *Das andere Geschlecht* ist keine Anwendung der Sartre'schen Philosophie, sondern eine eigenständige philosophische Arbeit, die aus einer existentialistischen Perspektive erfolgt.

Wenn Beauvoir von der existentialistischen »Perspektive« spricht, bezieht sie sich auf einen bestimmten, von Kierkegaard geerbten ethischen Ansatz, der vom Individuum und seiner Erfahrung in der ersten Person ausgeht, um das Menschsein zu denken. Entgegen der Tendenz der Philosophie, allgemeingültige, abstrakte Wahrheiten über das Menschsein zu suchen, geht die existentialistische Perspektive vom Individuellen aus, von dem, was jede menschliche

Existenz an Singulärem hat. Das Bestreben, sich dem Allgemeinen nur vom Besonderen her zu nähern, ohne dabei dieses Besondere aus dem Blick zu verlieren, lag bereits der Übernahme der phänomenologischen Methode zugrunde, und es ist für das Beauvoir'sche Konzept der Freiheit entscheidend.

Die Perspektive der existentialistischen Ethik hat für Beauvoir mehrere Konsequenzen. Erstens geht es darum, eine individuelle Perspektive einzunehmen, das heißt, sich in die Sichtweise des Individuums zu versetzen. Das bedeutet nicht, dass Beauvoir den Atomismus oder methodologischen Individualismus propagiert, in dem Sinne, dass sie davon ausgeht, dass das Individuum dem Sozialen vorausgeht oder dass das Soziale nur die Summe der Individuen ist. Die individuelle Perspektive, die sie wählt, besteht lediglich darin, dass sie bei ihren normativen Urteilen mehr das Wohl des Individuums als das der Gesellschaft berücksichtigt. So schreibt sie: »Wir beurteilen die Institutionen nach den konkreten Möglichkeiten, die sie den Individuen bieten.«[5]

Zweitens bedeutet die individuelle Perspektive nicht, dass allein das subjektive Glück der Individuen zählt:

> Sind die Frauen im Harem nicht glücklicher als eine Wahlberechtigte? Ist die Hausfrau nicht glücklicher als die Arbeiterin? Dabei weiß man nicht so recht, was das Wort glücklich bedeutet, noch weniger, welche authentischen Werte es abdeckt. Es gibt keine Möglichkeit, das Glück eines anderen zu messen, und es ist leichter, die Situation für glücklich zu erklären, die man ihm aufzwingen will: besonders diejenigen, die man zur Stagnation verurteilt, werden unter dem Vorwand, Glück sei Unbeweglichkeit, für glücklich erklärt.[6]

Diese Klarstellung, die Beauvoir hier vornimmt, ist für die Reflexion der Unterwerfung wichtig. Denn eines der regelmäßig verwendeten Argumente zur Verteidigung der Ungleichheiten zwischen Männern und Frauen besteht darin, das subjektive Wohlbefinden der Frauen anzuführen. Die Frauen seien unterworfen, weil dies sie glücklich mache. Die Unterwerfung kann für die Frauen tatsächlich eine Quelle von Freuden sein, und eine der sehr großen Stärken des *Anderen Geschlechts* besteht darin, dies zu zeigen. Doch wäre es gefährlich, aus dieser Freude zu schließen, dass die Unterwerfung für die Frauen *gut* ist.

Diese Unterscheidung wird über einen anachronistischen Umweg über die Ökonomie verständlich. Der Ökonom und Philosoph Amartya Sen zeigt, dass die Individuen ihre Vorlieben und die Einschätzung ihres Wohlbefindens an die Situation anpassen, in der sie sich befinden.[7] Vor allem Individuen, die sich in Situationen extremer Entbehrung befinden, passen ihre Wünsche an diese Situationen an und kommen dazu, sich nur noch das zu wünschen, was sie erreichen können. Sen nennt das Beispiel armer Frauen im ländlichen Indien, die davon überzeugt sind, dass sie nur begrenzte, um nicht zu sagen gar keine Ernährungsbedürfnisse haben, auf alle Fälle sehr viel geringere als ihre Ehemänner und Kinder, einfach weil es keine verfügbare Nahrung gibt. Diese Überzeugung beruht nicht auf einer objektiven Grundlage, sondern zeigt lediglich, dass die Menschen ihre Wünsche an ihre Situation anpassen, auch wenn diese Anpassung für sie objektiv schädlich ist. Es gibt Fälle von Unterwerfung, die für die Frauen objektiv schädlich sind, aber trotzdem als eine zwar nicht glückliche, aber zumindest ganz erträgliche Situation beschrieben werden können.

Sen benutzt diese Feststellung, um auf einen folgenschweren Mangel der klassischen Ökonomie hinzuweisen, die die

Wohlfahrt als höchstes Gut ansieht: Die Wohlfahrtsökonomie kann der sozialen Gerechtigkeit zuwiderlaufen.[8] Denn die Wohlfahrtsökonomie betrachtet die Wohlfahrt als subjektiv und gegeben, das heißt als Wohlfahrt, über die die Individuen aktuell zu verfügen glauben. Sen zeigt jedoch, dass ein solch subjektives Maß dazu führen kann, dass Individuen, die fast nichts haben, als gut oder sogar besser gestellt erscheinen können als Individuen, denen es objektiv gut geht, die aber mit ihrem Los unzufrieden sind. So versteht man, wie es möglich ist, den negativen Charakter der Unterwerfung und das scheinbare subjektive Glück der Person, die sich unterwirft, zusammenzubringen, ohne dass dies ein Widerspruch wäre: Es ist möglich, dass die männliche Dominanz die Frauen dazu bringt, ihre Präferenzen so anzupassen, dass sie sich für die Unterwerfung entscheiden, obwohl diese Wahl objektiv nicht gut für sie ist.

Indem Beauvoir klar zeigt, dass die Einnahme einer auf das Individuum ausgerichteten Perspektive kein subjektives Verständnis des Guten impliziert, macht sie deutlich, worin die existentialistische Perspektive besteht: Sie ist ein konkreter Humanismus.

Drittens impliziert die existentialistische Perspektive, dass es keine abstrakte oder objektive Antwort auf die Frage gibt, was eine Frau ist. Diese Frage kann nur durch individuelle Erfahrungen beantwortet werden. Auf dieser existentialistischen Annahme beruht somit sowohl die Struktur des Werkes als auch die Verwendung der Phänomenologie im zweiten Buch: Sich ausgehend vom Individuellen für das Allgemeine zu interessieren, bedeutet zu fragen, was eine Frau aus Sicht der Männer und aus Sicht der Frauen ist, aber auch, welche Erfahrung Frauen und Männer mit dem machen, was man Weiblichkeit nennt.

Die Freiheit muss erkämpft werden

Das deutlichste existentialistische Erbe in der Philosophie Beauvoirs ist ihr Freiheitsbegriff. Wenn Beauvoir die »Perspektive der existentialistischen Ethik« für sich in Anspruch nimmt, bezieht sie sich auf den existentialistischen Freiheitsbegriff. Die zentrale These des Existentialismus lautet, dass der Mensch Freiheit ist: Man ist nichts anderes als Freiheit, und genau das erklärt, dass die Existenz dem Wesen vorausgeht. Die Form, in der der Mensch seine Freiheit in seiner Existenz ausübt, ist das, was sein Wesen ausmacht: Es gibt kein im Voraus definiertes Wesen, jeder Mensch gestaltet dank seiner Freiheit seine Existenz.

Von dieser Beschreibung der menschlichen Natur leitet der Existentialismus normative Schlüsse ab: Man muss entsprechend dieser Freiheit leben. Das bedeutet, dass der Mensch sich als frei anerkennen und frei handeln muss: Man darf sich nicht hinter irgendeinem Determinismus verstecken, um seine Handlungen zu rechtfertigen, sondern muss sich als Subjekt einer jeden seiner Handlungen begreifen. Sartre bezeichnet exakt diese Art von Haltung als Unaufrichtigkeit, zum Beispiel so zu tun, als ob man aus Pflicht oder Obliegenheit in einer bestimmten Weise handelt, obwohl man sich immer frei entscheidet, Pflichten und Obliegenheiten zu respektieren. Die existentialistische Ethik kann so nicht aus Vorschriften oder Regeln bestehen, es sei denn der, authentisch frei zu leben. So schreibt Beauvoir in *Der Existentialismus und die Volksweisheit*: »wenn der Mensch nicht von Natur aus gut ist, ist er auch nicht von Natur aus schlecht; er ist zunächst einmal nichts; es liegt an ihm, sich gut oder schlecht zu machen, je nachdem, ob er seine Freiheit annimmt oder verleugnet.«[9]

Diese Bestimmung zeigt, dass die Freiheit zweischneidig

ist: Einerseits hat es etwas Berauschendes zu wissen, dass man frei ist, andererseits macht es Angst, der alleinige Herr seiner eigenen Existenz zu sein. Risiko und Ungewissheit sind der Kern der Freiheit: Die Freiheit ist keine Gegebenheit, sondern etwas, was das Subjekt erkämpfen muss. Die Freiheit ist nicht statisch: Sie drückt sich in Entwürfen aus, sie ist eine Transzendenz, insofern sie darin besteht, in Richtung Unbestimmtheit zu gehen. Frei zu sein bedeutet, sich in der Welt zu entwerfen. Folglich beinhaltet die Freiheit Risiken, sie erfordert Mut und Selbstvertrauen, um für sich selbst einen Entwurf zu bestimmen und sich in eine unbestimmte Welt zu werfen, in der der Erfolg des Unternehmens nicht garantiert ist.

Diese Kosten stellt Beauvoir in *Für eine Moral der Doppelsinnigkeit* mittels einer phänomenologischen Beschreibung der Genealogie des ethischen Subjekts heraus:[10] Als Kind wird das Individuum in eine Welt hineingeboren, in der Werte, Autoritäten, Bedeutungen bereits feststehen. Von daher ist das Kind von dieser Welt abhängig und muss sich ihr anpassen. Mit dem Heranwachsen lernt der Jugendliche, sich in dieser Welt zu entwerfen, und befreit sich zunehmend aus seiner Abhängigkeit. Doch diese Freiheit hat aufgrund der Risiken, die das Subjekt bei ihrer Verfolgung eingeht, Kosten. Diese Kosten können den Wunsch auslösen, zur Situation des Kindes zurückzukehren, in der Gehorsam und Abhängigkeit der Preis waren, den man zahlen musste, um die mit der Freiheit verbundenen Existenzängste zu vermeiden. Für alle Individuen ist die Freiheit nicht von Existenzangst zu trennen.

Die Lösung des theoretischen Problems der Unterwerfung

Im *Anderen Geschlecht* bildet diese Vorstellung von der Freiheit als ein von allen verspürter Trieb und gleichzeitig als ein Risiko das Herzstück des Verständnisses der Unterwerfung der Frauen. Diese Theorie der Freiheit ist entscheidend und löst die scheinbare Antinomie der Einwilligung in die Unterwerfung auf. Bei Rousseau ist es unmöglich, sich freiwillig zu unterwerfen, weil diese Unterwerfung ein Verzicht auf die Freiheit ist. Die Ausgangshypothese lautet, dass die Menschen frei geboren werden, dass die Freiheit zuerst da ist. Die Unterwerfung kann dann nur als eine Entfremdung von der Freiheit erklärt werden, und kein vernünftiger Geist sollte sich von seiner Freiheit entfremden wollen. Also sollte auch niemand in seine Unterwerfung einwilligen.

In der von Beauvoir vorgeschlagenen Genealogie ist die Unterwerfung hingegen chronologisch die erste Bedingung des Individuums.[11] Sicher ist die Natur des Menschen seine Freiheit, doch ist diese Freiheit potentiell: Das Individuum ist zunächst ein Kind, also ein unterwürfiges Wesen, und es muss handeln, um aus diesem primären Zustand der Unterwerfung herauszukommen. Freiheit ist Handeln, eine kostspielige Bewegung, um sich aus seiner Faktizität herauszuarbeiten.

In diesem Rahmen besteht in der Vorstellung, in seine Unterwerfung einzuwilligen, kein Widerspruch mehr. Die Einwilligung in die Unterwerfung ist keine aktive Bewegung des Verzichts auf Freiheit, sie ist das Fehlen von Bewegung, Passivität.

Aber auch wenn in der Vorstellung von der Wahl der Unterwerfung oder der Einwilligung in sie kein Widerspruch mehr besteht, bleibt doch ein Problem: Wenn der Mensch frei ist und es ethisch ist, frei zu handeln, warum ziehen dann manche die Unterwerfung der Freiheit vor?

Freiheit und Situation

Der Sartre'sche Existentialismus anerkennt, dass alle Menschen Angst vor der Freiheit haben, sowie die daraus resultierende Versuchung der Aufgabe. Doch betrachtet er das Problem der Aufgabe allein unter einem individuellen Aspekt. Der Kampf um Freiheit und Verzicht spielt sich zwischen dem Individuum und sich selbst ab. Problematisch an diesem Ansatz ist für Beauvoir, wie wir gesehen haben, dass er ignoriert, wie die sozialen Strukturen diesen Kampf beeinflussen. So transformiert Beauvoir dank des Begriffs der Situation die existenzialistische Analyse der Freiheit und macht sie komplexer: Sicherlich sind alle versucht, aufzugeben und auf die Freiheit zu verzichten, doch ist diese Versuchung mehr oder weniger stark, je nach der Situation, in der sich das Individuum befindet.

Das Individuum und die Struktur

Seit *Für eine Moral der Doppelsinnigkeit* unterscheidet Beauvoir zwei verschiedene Fälle: den, bei dem die Situation des Individuums so beschaffen ist, dass es sich nicht auf die Freiheit hin entwerfen kann,[12] und den, bei dem sich das Individuum entscheidet, nicht frei zu sein, um die Vorteile der Unterwerfung genießen zu können:

> Nun wird offenbar, wodurch sie sich von einem wirklichen Kind unterscheiden: dem Kind ist seine Situation aufgezwungen, während die Frau (ich verstehe darunter die moderne Frau des Westens) ihre Situation wählt oder zumindest mit ihr einverstanden ist. Unwissenheit und Sichirren sind Tatsachen, die ebenso unabänderlich sind wie die Mauern eines Gefängnisses. Der Negersklave des 18. Jahrhunderts, die in einem Harem eingesperrte Mohammedanerin verfügen über keine Möglichkeit, sich gegen die sie unterdrückende Kultur zu wenden, und sei es auch nur in Gedanken, im Staunen oder im Zorn. Ihr Verhalten wird ganz und gar durch diese Gegebenheit bestimmt und kann nur aus ihr heraus beurteilt werden, und es ist durchaus möglich, daß sie in ihrer Situation, die wie jede menschliche Situation begrenzt ist, ihre Freiheit voll und ganz zu bestätigen vermögen. Sobald jedoch eine Befreiung als möglich erscheint, ist der Verzicht auf eine Ausübung dieser Möglichkeit ein Verzicht auf die Freiheit, ein Verzicht, der Unredlichkeit bedeutet und eine positive Schuld ist.[13]

Beauvoir macht hier einen klaren Unterschied zwischen der erzwungenen Unterwerfung, bei der der Part der Agentivität fast vollständig verschwindet und für die das Individuum folglich nicht verantwortlich gemacht werden kann, und der komplizenhaften Unterwerfung, die sich aus der Versuchung erklärt, sich die Kosten der Freiheit zu ersparen und die Vorteile der Unterwerfung zu genießen. In diesem Fall liegt für Beauvoir eine Form von moralischem Fehlverhalten vor.

Es gibt somit die Versuchung der Unterwerfung, die dem Menschsein und der Notwendigkeit, handeln zu müssen, um frei zu sein, inhärent ist. Die Unterwerfung der Frauen so zu erklären und sie dem Preis der Freiheit zuzuschreiben, scheint jedoch die Hypothese von einer spezifisch weiblichen Unterwerfung zu widerlegen: Wahrscheinlich versuchen alle Menschen, mittels der Unaufrichtigkeit der Existenzangst zu entkommen, indem sie behaupten, dass man sich nicht befreien kann. In diesem Zusammenhang gibt es offenbar keinen Grund zu der Annahme, dass die Frauen unaufrichtiger wären als die anderen.

Die Kosten-Nutzen-Analyse der Unterwerfung

Tatsächlich gibt es laut Beauvoir eine Eigenschaft der Frauen, die ihre Unaufrichtigkeit wahrscheinlicher macht, aber nichts mit einem hypothetischen weiblichen Wesen zu tun hat. Die Frauen neigen aufgrund ihrer Situation eher dazu, sich zu unterwerfen, als die Männer. So schreibt sie in *Für eine Moral der Doppelsinnigkeit*:

> Wir haben bereits angedeutet, daß manche Erwachsene in der Welt der Ernsthaftigkeit guten Glaubens zu leben vermögen, jene Menschen nämlich, denen jede Möglichkeit, dieser Welt auszuweichen, genommen ist, Menschen also, die geknechtet oder getäuscht werden. Je weniger es die wirtschaftlichen oder sozialen Umstände einem Menschen erlauben, auf die Welt einzuwirken, desto mehr erscheint ihm diese Welt als etwas Gegebenes. Dies gilt für die Frauen, die sich von alters her unterordnen mußten.[14]

Diese Passage ist in mehrerlei Hinsicht entscheidend: Erstens zeugt sie von Beauvoirs Originalität in einer existentialistischen Tradition, die nie die ökonomische, soziale und politische Dimension des konkreten Charakters der Existenz berücksichtigt. Zweitens zeigt sie, dass Beauvoir die Sartre'sche Alternative von Unaufrichtigkeit und Authentizität nicht als eine Alternative im eigentlichen Sinne betrachtet: Für sie gibt es Grade der Unaufrichtigkeit und Grade der Freiheit, je nach der ökonomischen und sozialen Situation der Individuen. Folglich fasst Beauvoir die Möglichkeit einer Unterwerfung ins Auge, die nicht der Unaufrichtigkeit gleichkommt: Je nach dem Grad der sozialen und ökonomischen Unterjochung der betreffenden Frau kann sie in ihrer Unterwerfung sogar guten Glaubens sein. In jedem Fall impliziert die bloße Tatsache, dass die männliche Dominanz ökonomische und soziale Konsequenzen hat, die die Freiheit der Frauen zum Aufbruch einschränken, dass ihre Unterwerfung keine pure Unaufrichtigkeit ist.

Wenn also alle Menschen dem Dilemma von Unterwerfung und Freiheit ausgeliefert sind, sind die Frauen so aufgrund ihrer Situation und der ererbten Tradition der Unterwerfung viel stärker von diesem Dilemma betroffen. Diese Situation ist ein Produkt der geschlechtsspezifischen Erziehung, die Beauvoir in dem Abschnitt »Werdegang« des zweiten Buches akribisch beschreibt: Die kleinen Mädchen lernen, sich nicht nur als schwach und zerbrechlich zu verstehen, sondern als schwächer und zerbrechlicher als die Jungen. Sie werden erzogen, indem sie ständig mit den Jungen verglichen werden – mit dem Ergebnis, dass sie sich selbst als das Andere, Unwesentliche und Schwache wahrnehmen. Diese Situation ist aber in erster Linie und vor allem das Ergebnis der Kontrolle, die die Männer über die Definition des weiblichen Subjekts haben, was die auf den ersten Blick seltsame Entscheidung erklärt, zuerst den Blick der Männer auf die Frauen zu untersuchen und sich erst dann der gelebten Erfahrung dieser Frauen zu widmen. Durch diesen Aufbau des Werkes betont Beauvoir, dass die wichtigste Komponente der Situation der Frauen darin besteht, dass sie von außen entworfen, konstruiert und auferlegt wird, von Männern, die sie als das Andere betrachten und von daher als dazu bestimmt, geringerwertig zu sein. Das zweite Buch muss so als Phänomenologie der Wirkung der Fakten und Mythen des ersten Buchs gelesen werden.

Die Konstituierung von außen erklärt zum Beispiel eines der Merkmale des Lebens der Frauen, das für jemanden, der sie emanzipieren will, am problematischsten ist und an das Beauvoir im ganzen Buch erinnert: Im Unterschied zu Juden, schwarzen Amerikanern oder Arbeitern haben die Frauen nicht das Gefühl, einer unterdrückten Gruppe anzugehören. Sie verstehen sich viel eher als mit den Männern als untereinander verbunden. Dieses »ursprüngliche Mitsein«, das zwischen heterosexuellen Männern und Frauen besteht, macht die männliche Dominanz diskreter und die weibliche Unterwerfung wahrscheinlicher.

Indem Beauvoir die Perspektive der existentialistischen Ethik, den neuartigen Begriff der Freiheit, der sie strukturiert, und den Begriff der Situation zusammenbringt, erlaubt sie, die Unterwerfung der Frauen als Ergebnis einer Art Kosten-Nutzen-Kalkulation zu verstehen: Wie alle Menschen sind die Frauen in einem Spannungsverhältnis zwischen dem Wunsch nach Freiheit und der Angst vor der Freiheit gefangen, zwischen dem Willen, sich in der Welt zu entwerfen, und der Versuchung, aufzugeben. Im Unterschied zu den Männern ist die Unterwerfung für die Frauen jedoch ein gesellschaftlich vorgeschriebenes Verhalten. Daher haben sie etwas zu gewinnen, wenn sie sich unterwerfen. Zum Beispiel wird eine schlanke, junge Frau, die ihren Körper mit Diäten und Sport geformt hat, die schön und gut geschminkt ist und den Männern die Aufmerksamkeit schenkt, auf die sie ein Anrecht zu haben glauben, ein Objekt der männlichen Aufmerksamkeit sein, während eine unabhängige Frau riskiert, abgelehnt zu werden oder allein zu sein, wenn sie das Spiel der Weiblichkeit nicht mitspielt. Folglich verändert die Situation der Frau im patriarchalen Kontext das Gleichgewicht zwischen Kosten und Nutzen der Freiheit und macht die Freiheit sehr viel teurer als für die Männer, bis zu dem Punkt, dass selbst die ambitioniertesten Frauen es zuweilen vorziehen, auf ihre Freiheit zu verzichten, anstatt den Preis dafür zu zahlen, zum Beispiel die gesamte Hausarbeit zu übernehmen, anstatt eine Trennung und die Ehelosigkeit zu riskieren.

Eine Einwilligung, die keine Wahl ist

Die Freiheit, um die es in der klassischen politischen Philosophie geht, ist nicht die gleiche wie die Freiheit der Wahl im Alltagsleben. Denn die Freiheit, von der Rousseau behauptet, dass man nicht auf sie verzichten kann, ohne sein Menschsein zu verlieren, ist ein abstraktes Recht, das alle Individuen durch die bloße Tatsache besitzen, ein Mensch zu sein, während die Freiheit, die man demonstriert, wenn man sich entscheidet, sich zu unterwerfen, eine anthropologische Gegebenheit ist, eine Eigenschaft des Menschen, die man auch als Agentivität bezeichnet, das heißt als die Fähigkeit zu handeln. Auch wenn der politische Freiheitsbegriff für das Nachdenken über die Organisation der Gesellschaft entscheidend ist, eröffnet er doch vor allem Theorien von Idealen und Normen. Für den, der konkret und damit nicht dem Ideal nach verstehen möchte, wie die Machtverhältnisse zwischen den Individuen strukturiert sind, kann dieser Freiheitsbegriff wenig ausrichten.

Indem Beauvoir eine konkrete Theorie der Freiheit entwirft, in der die Freiheit als ein universell geteilter Trieb erscheint, der aber mit ungleich verteilten Kosten verbunden ist, stellt sie die besondere Anziehungskraft heraus, die die Unterwerfung für die Frauen hat. Allen Menschen ist ein doppeldeutiges Verhältnis zur Freiheit gemeinsam: Wenn die Freiheit nicht gegeben ist, muss sie erkämpft werden, und dieser Kampf birgt Risiken, vor allem das des Scheiterns. Alle Menschen sind versucht, der Transzendenz den Rücken zu kehren, um die wohltuenden Annehmlichkeiten der Immanenz, einer vorhersehbaren und unterwürfigen Existenz zu bewahren. Dennoch gibt es bei der Unterwerfung der Frauen eine Besonderheit. Auch wenn sie ihre Freiheit wünschen, auch wenn sie den gleichen Hang zum Absoluten haben wie die abenteuerlustigsten Männer, wissen sie, dass die Suche nach Freiheit aufgrund der männlichen Dominanz für sie ungleich höhere Kosten hat als für die Männer, und umgekehrt wird die Unterwerfung mit vielen Vorteilen belohnt. Die Frauen haben strukturelle Gründe, ihre Unterwerfung zu akzeptieren.

Diese Akzeptanz ist keine Wahl im eigentlichen Sinne. Im Kontext der Beauvoir'schen Philosophie als einer Philosophie, die das Individuum und seine Freiheit in den Mittelpunkt stellt, bedeutet zu wählen, sich zu entscheiden, von seiner Freiheit Gebrauch zu machen, sich in der Welt zu entwerfen. Umgekehrt ist die unterwürfige Frau diejenige, die nicht handelt, die passiv ist, nicht versucht, gegen ihre Situation, das heißt gegen die Unterwerfung, zu der sie bestimmt ist, irgendeine Freiheit zu erobern. Die Unterwerfung ist eine Bestimmung, die für die Frau immer schon da ist, mithin besteht die Unterwerfung einfach darin, nichts gegen diese Bestimmung zu tun, die gesellschaftlichen Normen und damit die Männer, die sie aufstellen, für sich entscheiden zu lassen. Die Frau wählt ihre Unterwerfung nicht aktiv, sie nimmt lediglich an, was ihr angetragen wird. Sie erklärt sich mit ihrer Bestimmung der unterwürfigen Frau einverstanden.

Aufbruch zur Emanzipation

Für Beauvoir ist diese Feststellung nicht dazu angetan, zu verzweifeln, ganz im Gegenteil. Beauvoir stellt die Einwilligung in die Unterwerfung nicht heraus, um die Frauen anzuklagen oder einfach nur um Licht in die Dunkelheit ihres Zustands zu bringen. Wenn sie bei all den Figuren unterwürfiger Frauen, die sie analysiert, eine Art Widerstand oder Verabscheuung der Unterwerfung beschreibt,[15] betont sie unaufhörlich, dass diese Unterwerfung von den Männern gegen die Freiheit erzielt wird, die die Frauen als menschliche Wesen anstreben. Die Analyse der Unterwerfung der Frauen wird in den Dienst gestellt, die Emanzipation zu denken. Das Beauvoir'sche Verständnis der *conditio humana* als von Natur aus doppeldeutig und als Teil einer historisch, sozial und ökonomisch determinierten Situation eröffnet Möglichkeiten der Emanzipation; und die Millionen von Frauen, die in *Das andere Geschlecht* die Ankündigung und das Manifest einer kommenden Emanzipation sahen, irrten sich diesbezüglich nicht.

Die Unterwerfung ist nicht unvermeidbar

Das andere Geschlecht entfaltet ausgehend von der Analyse der Einwilligung in die Unterwerfung ein Denken der Emanzipation auf mehreren Ebenen. Indem sie aufdeckt, wie die Situation der Frauen aus den historischen, religiösen, theoretischen und mythischen Konstruktionen der Männer erwächst und nicht aus einer unterwürfigen Natur der Frauen, befreit Beauvoir die unterwürfigen Frauen von der Bezichtigung der Unaufrichtigkeit und Schwäche, die gewöhnlich dazu beiträgt, die Situation der Unterdrückung der Frauen noch zu verstärken. Indem sie zeigt, wie und warum die Frauen in ihre Unterwerfung einwilligen, entkräftet sie jede Verwendung dieser Einwilligung, um den Frauen die Schuld an der Unterwerfung zuzuweisen: Sicher sind die Frauen als menschliche Wesen und damit als Wesen, die die Möglichkeit haben, ihre Freiheit zu wählen, dafür verantwortlich, sie nicht zu wählen, doch macht es die Form, in der ihre Situation durch die männliche Dominanz von außen bis hin zu dem Punkt bestimmt ist, die Unterwerfung zu ihrem Schicksal zu machen, in jedem Fall unmöglich, ihnen die Schuld an dieser Unterwerfung zuzuschreiben. Sicher gibt es ein individuelles und in gewissem Maße gewähltes Vergnügen, das Andere zu sein und die Existenzangst des freien Subjekts zu vermeiden, aber es ist die soziale und ökonomische Struktur, die bewirkt, dass der Aufbruch zur Transzendenz die Frauen mehr kostet als die Männer.

Beauvoir entkräftet nicht nur jeden Versuch, den Frauen die moralische Verantwortung für ihre Unterwerfung zuzuweisen, sondern zeigt auch, dass die Unterwerfung kein unvermeidliches Schicksal ist. Sie historisiert die weibliche Unterwerfung und macht es so vorstellbar, dem zu entkommen, was von der männlichen Dominanz zum Schicksal aufgebaut wird:

> Wie Merleau-Ponty sehr richtig gesagt hat, ist der Mensch keine natürliche Spezies: er ist eine historische Idee. Die

> Frau ist keine feststehende Realität, sondern ein Werden, und in ihrem Werden müßte man sie dem Mann gegenüberstellen, das heißt, man müßte ihre *Möglichkeiten* bestimmen: was so viele Diskussionen verfälscht, ist, daß man die Frau, wenn man die Frage nach ihren Fähigkeiten stellt, auf das beschränken will, was sie gewesen ist, was sie heute ist. Tatsache ist doch, daß Fähigkeiten nur sichtbar werden, wenn sie verwirklicht worden sind; Tatsache ist aber auch, daß man bei der Beurteilung eines Wesens, welches Transzendenz und Überschreitung ist, nie zu einem Abschluß kommen kann.[16]

Wenn man begreift, dass die Frau ebenso ein Werden ist wie der Mann, ein historisches Wesen und nicht ein Anderes, von einer natürlichen Alterität und Unterlegenheit, begreift man die Unterwerfung auch als eine historische und nicht starre Haltung. Die Frauen willigen aufgrund der ökonomischen, gesellschaftlichen und politischen Bedingungen in ihre Unterwerfung ein. Damit ist ein Ende dieser Unterwerfung möglich.

> Sicher, wenn man eine Klasse im Zustand der Unterlegenheit hält, bleibt sie unterlegen. Doch die Freiheit kann diesen Kreislauf durchbrechen. Man lasse die Schwarzen wählen, und sie werden des Wählens würdig sein. Man gebe der Frau Verantwortung, und sie wird sie zu übernehmen wissen, Tatsache ist, daß man von den Unterdrückern keine selbstlose Geste der Großzügigkeit erwarten kann. Aber es entstehen – bald durch die Auflehnung der Unterdrückten, bald durch die Evolution der privilegierten Kaste selbst – immer neue Situationen. So haben die Männer sich in ihrem eigenen Interesse veranlaßt gesehen, das weibliche Geschlecht ein Stück weit zu emanzipieren: die Frauen brauchen ihren Aufstieg nur noch fortzusetzen, und ihre Erfolge ermutigen dazu. Es scheint

> ziemlich sicher, daß sie über kurz oder lang eine vollkommene ökonomische und gesellschaftliche Gleichheit errungen haben werden, was einen inneren Wandel nach sich ziehen wird.[17]

Kurz, die Unterwerfung ist eine Frucht der Situation. Diese Behauptung ist in zweifacher Hinsicht von entscheidender Bedeutung: Erstens macht sie die Tatsache verständlich, dass die Unterwerfung als Schicksal erlebt werden kann, ohne dass sie wirklich ein Schicksal ist. Die Frau ist nicht durch ihre Natur zur Unterwerfung bestimmt, sondern durch einen bestimmten sozialen, historisch begründeten und ökonomisch und politisch herbeigeführten Zustand. Auch wenn es eine zirkuläre Beziehung zwischen der Gesellschaft und den Individuen gibt, die dazu einzuladen scheint, die Möglichkeit des sozialen Wandels pessimistisch zu sehen, lässt die auf dem Individuum und seiner Freiheit basierende existentialistische Perspektive die Möglichkeit aufkommen, die Reproduktionsmechanismen der Unterdrückung der Frauen zu durchbrechen. Indem sie das Risiko der Freiheit eingehen, indem sie arbeiten, können die Frauen die sozialen und ökonomischen Bedingungen so verändern, dass die Unterwerfung nicht mehr als ihr standardmäßiges Schicksal erscheint. Durch die Überwindung der Dichotomie von Individuum und Struktur, die es unmöglich machte, die Unterwerfung zu denken, historisiert Beauvoir die Unterwerfung und macht es so möglich, sich ihr zu widersetzen.

Die Männer sind nicht (allesamt) schuldig

Zu sagen, dass die Unterwerfung eine Frucht der Situation ist, ist nicht nur insofern emanzipatorisch, als man so begreift, dass man der Unterwerfung entkommen kann, indem man die Situation ändert, sondern auch weil es erlaubt, die Verantwortlichkeiten der Individuen zu klären. Mit dem Begriff der Situation zeigt Beauvoir, dass die Frauen nicht unbedingt verantwortlich sind, wenn sie einwilligen, sich zu unterwerfen. Doch zeigt sie auch, dass die *Männer*, als Individuen, für diese Unterwerfung ebenfalls nicht völlig verantwortlich sind. Die einzelnen Männer tun oft nichts, um die Frauen zu unterwerfen; sie werden wie die Frauen in eine Welt geworfen, in der die Sinngehalte und gesellschaftlichen Normen immer schon da sind. Insofern weist Beauvoir den Männern keine individuelle Verantwortung zu. Sie begnügt sich damit hervorzuheben, dass sie, oft ohne sich dessen bewusst zu sein, vom Privileg des Herrschenden profitieren, das darin besteht, seine Perspektive als die neutrale, objektive und damit richtige Perspektive anzusehen und die Alterität der anderen einzubürgern.

So trägt Beauvoir zum Aufbau eines Denkens der Emanzipation bei, indem sie ein Denken des Privilegs entwirft. Wie die amerikanische Philosophin Sonia Kruks zeigt,[18] bildet *Das andere Geschlecht* die erste Etappe in Beauvoirs Reflexion der Form, in der die Privilegierten – in erster Linie sie – über ihre eigene Situation nachdenken können. Diese Reflexion wird später im Detail entfaltet, doch taucht sie bereits in *Das andere Geschlecht* hinsichtlich der moralischen Verantwortung der Männer auf. Wenn die Frauen durch ihre Situation einem Zwang unterliegen, so tun dies auch die Männer: Beauvoir zeigt, dass ein Kolonialverwalter aufhören kann, ein solcher zu sein, ein Mann aber nicht, »So ist er also schuldig wider Willen und bedrückt durch ein Vergehen, das er nicht selbst begangen hat«.[19]

Indem Beauvoir ans Licht bringt, wie die männliche Herrschaft sogar die Freiheit der Männer selbst untergräbt, eröffnet sie einen Weg für die Zusammenarbeit zwischen Männern und Frauen, um dem Patriarchat ein Ende zu setzen. Auch wenn sie versteht, dass die Männer befürchten, viel zu verlieren zu haben, wenn sie die Frau nicht mehr als das Andere, sondern als »Gefährtin« betrachten,[20] rühmt sie demgegenüber die Vorzüge der Brüderlichkeit zwischen Männern und Frauen. Der letzte Satz des Buches lautet:

> Es ist Aufgabe des Menschen, dem Reich der Freiheit inmitten der gegebenen Welt zum Durchbruch zu verhelfen. Damit dieser höchste Sieg errungen werden kann, ist es unter anderem notwendig, daß Männer und Frauen über ihre natürlichen Unterschiede hinaus unmißverständlich ihre Brüderlichkeit behaupten.[21]

Der Begriff der Situation erlaubt Beauvoir, über die Brüderlichkeit die Möglichkeit zur Rückeroberung des ursprünglichen Mitseins aufkommen zu lassen. Der Gewissenskonflikt und die Alterität, die sich daraus ergeben, sind kein Schicksal: Indem man begreift, dass der Sinngehalt des Geschlechtsunterschieds eine historische und damit veränderbare gesellschaftliche Norm ist, eröffnet man die Möglichkeit einer harmonischen Beziehung zwischen Männern und Frauen, die eine Beziehung von zwei brüderlichen Freiheiten wäre.

Sie selbst als Beispiel

Schließlich kann man annehmen, dass *Das andere Geschlecht* schon durch seine Niederschrift zur Eröffnung eines emanzipatorischen Weges beiträgt. Allein die Tatsache, dass Beauvoir ein solches Buch schreibt, erscheint als eine Form, der geschlechtsspezifischen Dimension der Dichotomie des Subjekts und des Anderen entgegenzutreten. Als Autorin zeigt sie durch die bloße Tatsache, zu schreiben, ein Werk zu planen, dass die Frauen nicht prinzipiell von der Suche nach Transzendenz ausgeschlossen sind. Sie verkörpert die Tatsache, dass die Frauen nicht dazu bestimmt sind, nur die Gefährtin kreativer Männer zu sein. In der Tat unterstreicht sie in dem Kapitel, das der verheirateten Frau gewidmet ist, dass die Frauen einen Irrtum begehen, die glauben, ein persönliches Werk zu vollbringen oder wirklich frei zu sein, wenn sie sich am Projekt ihres Mannes beteiligen, ihm helfen, ihn beraten:

> Bei jeder Handlung, jedem Werk zählt allein der Augenblick der Wahl, die Entscheidung. Die Frau spielt im allgemeinen die Rolle der Glaskugel, die von der Seherin befragt wird: eine andere würde den Zweck genausogut erfüllen. Der Beweis fällt nicht schwer, denn oft genug läßt der Mann sich mit dem gleichen Vertrauen von einer anderen Ratgeberin, einer anderen Mitarbeiterin unterstützen. Sofja Tolstoja kopierte die Manuskripte ihres Mannes, brachte sie in Reinschrift: später beauftragte er damit eine seiner Töchter, und Sofja begriff, daß auch ihr Eifer sie keineswegs unentbehrlich gemacht hatte. Nur eine autonome Arbeit kann der Frau eine authentische Autonomie verleihen.[22]

Indem sie *Das andere Geschlecht* schreibt, demonstriert Beauvoir, dass es einer Frau möglich ist, sich an ein Projekt zu wagen, an jene autonome Arbeit, die von Freiheit zeugt. Insofern durchbricht sie den Teufelskreis der Unterdrückung der Frauen.

Schluss
Und jetzt?

Die Unterwerfung der Frauen ist komplex: Sie spielt sich auf der Ebene des Individuums ab und wird dabei von der gesellschaftlichen Struktur beeinflusst. Häufig handelt es sich um die Unterwerfung unter einen bestimmten Mann, während sie zunächst in der Unterwerfung unter eine Reihe von gesellschaftlichen Normen besteht. Sie kann reizvoll sein und dabei in trostlose Sackgassen führen.

Eines ist sicher: Zu behaupten, dass die Unterwerfung kein moralisches Versagen ist, sondern ein Schicksal, an das die Frauen ständig erinnert werden, fordert dazu auf, neu über die Problematik der Einwilligung nachzudenken, vor allem im sexuellen Bereich. Wenn nämlich Männer und Frauen denken, dass die Frauen sich den Männern nicht nur unterwerfen müssen, sondern dies auch lieben, dass die Frauen die Beute sind, über die die männlichen Jäger triumphieren müssen, dann läuft die Struktur der Liebes- und sexuellen Beziehungen Gefahr, sehr weit weg zu sein von dem vom Begriff der Einwilligung transportierten Bild zweier gleichberechtigter Partner, deren Wünsche gleichermaßen berücksichtigt werden. Dieser polysemische Begriff ruft dazu auf, drei Ebenen der Reflexion über die sexuelle Zustimmung zu identifizieren.

Zunächst gibt es das juristische Problem der sexuellen Einwilligung: Was kann man tun, damit die Fälle von Vergewaltigung, sexueller Aggression und sexueller Belästigung tatsächlich bestraft werden, wie das Gesetz es vorsieht? Wie kann man zum Beispiel der grauenhaften Situation ein Ende machen, die folgende Zahlen beschreiben: In Frankreich erstatten 10 % der Frauen, die Opfer einer Vergewaltigung werden, Anzeige, und 3 % der Vergewaltigungen führen zu einem Prozess vor einem Schwurgericht. Kurz, wie kann man sicherstellen, dass die Rechtsnorm der Einwilligung, verstanden als Akt der Wahl oder Annahme eines Vorschlags, respektiert wird? Hier gibt es zwei Hürden: Die erste und offensichtlichste ist, dass im sexuellen Bereich nur die Betroffenen allein wissen, was gesagt und getan wurde, weshalb es für die Justiz manchmal schwierig ist, die Fakten zu ermitteln. Doch es gibt auch eine zweite Hürde, die heute an Gewicht verliert, nämlich die Vermutung, dass Frauen lügen. Ob es um die Art und Weise geht, wie die Anklägerinnen von Tariq Ramadan behandelt wurden, oder um gewisse Kommentatoren, die vor allem darauf bedacht waren, zu Unrecht angeklagte Männer zu schützen (je nach Studie zwischen 2 und 4 % der Klagen), es scheint klar, dass das Wort der Frauen spontan in Zweifel gezogen wird, wenn sie öffentlich erklären, dass sie nicht eingewilligt haben. Und dieser Zweifel hat mit der Norm zu tun, dass die Frauen sich den Männern unterordnen sollen: Sich über sexuelle Gewalt zu beklagen, ist eine Abweichung von der Weiblichkeitsnorm.

Das zweite Problem, das die Einwilligung aufwirft, ist ein moralisches Problem: Wie ist eine Erotik zu denken, die nicht auf einem Schema beruht, bei dem »der Mann ein Angebot macht und die Frau darauf eingeht«, das heißt auf einem ungleichen und sexistischen Schema? Was die Amerikaner »*affirmative consent*« nennen und was an immer mehr Universitäten[1] sowie in einigen Staaten die Regel ist, nämlich die Vorstellung, dass nur ein geäußertes, enthusiastisches »Ja« als Einwilligung gelten kann, scheint die angemessenste Lösung zu sein. Hier hört man schon die lautstarken Proteste der Anhänger der »Galanterie nach französischer Art« und »des Charmes gestohlener Küsse« sowie derer, die erklären, es liege in der »Natur« der Erotik, ungleich und gewalttätig zu sein. Eine »Natur« der Liebe und Erotik gibt es ebenso wenig wie eine gewalttätige »Natur« des Mannes oder eine unterwürfige »Natur« der Frau. Ob manche Menschen dominant sein, andere sich hingeben wollen, geht niemanden etwas an, aber damit sexuelle Beziehungen so wenig repressiv wie möglich sind, müssen diese Positionen Gegenstand einer echten Wahl beider Parteien sein. Und es ist schwer vorstellbar, dass das Flüstern seines Wunsches in das Ohr des Geliebten zwangsläufig die Liebe tötet!

Schließlich gibt es in einer patriarchalen Gesellschaft wie der unseren ein politisches Problem der Einwilligung. Und es ist vor allem dieses Problem, das uns hilft, den Begriff der Unterdrückung zu denken. In einer solchen Gesellschaft wachsen Männer und Frauen in einer Welt auf, die durch gesellschaftliche Geschlechternormen organisiert ist, die den Männern Unabhängigkeit und Mut vorschreiben und den Frauen Fürsorglichkeit und Unterordnung. Es ist daher nicht verwunderlich, dass manche Frauen sich damit brüsten, bei Akten der Belästigung oder Aggression, die sie erlitten hatten, keine Klage angestrebt oder Anzeige erstattet zu haben, und Frauen, die solche Akte zur Anzeige bringen, beschuldigen, »sich zum Opfer zu machen«. Mehr noch als die bestürzende Solidarität der Aggressoren untereinander, die niemanden überrascht, ist der große Feind einer auf Gleichheit ausgerichteten Verständigung zwischen den Geschlechtern, den es zu identifizieren gilt, bei uns und bei den anderen, die Einwilligung der Frauen in ihre eigene Unterwerfung.

Anmerkungen

1. Ein philosophisches Tabu

1 Jean-Jacques Rousseau, *Der Gesellschaftsvertrag*, 1762, übers. von Hermann Denhardt und Werner Bahner, Leipzig, Verlag Philipp Reclam jun., 1981, S. 44.

2 Sigmund Freud, »Die sexuellen Abirrungen« (1905), in: *Gesammelte Werke*, Bd. 5, Frankfurt am Main, S. Fischer Verlag, 4. Aufl. 1968, S. 33-77; ders., »Ein Kind wird geschlagen« (1919), in: *Gesammelte Werke*, Bd. 12, Frankfurt am Main, S. Fischer Verlag, 3. Aufl. 1966, S. 195-226; ders., »Das ökonomische Problem des Masochismus« (1924), in: *Gesammelte Werke*, Bd. 13, Frankfurt am Main, S. Fischer Verlag, 5. Aufl. 1967, S. 369-383. (Die drei Aufsätze sind in einer französischen Ausgabe zusammengetragen: *Du masochisme*, herausgegeben und mit Anmerkungen versehen von Julie Mazaleigue-Labaste, Paris, Payot, 2011, Anm. d. Übers.)

3 Siehe zum Beispiel, wie Rousseau im 5. Buch von *Emil oder Über die Erziehung* die Erziehung Sophies begreift.

4 Zur Unterwerfung in der zeitgenössischen französischsprachigen Literatur werden wir uns auf das hervorragende Werk von Joëlle Papillon stützen: *Désir et insoumission: la passivité active chez Nelly Arcan, Catherine Millet et Annie Ernaux*, Québec, Presses de l'Université de Laval, 2018.

5 Es gibt ein paar Ausnahmen, die namhafteste ist zweifellos Saba Mahmood, *Politics of Piety: the Islamic Revival and the Feminist Subject*, Princeton, Princeton University Press, 2005.

6 Siehe zum Beispiel Sandra Harding, »Rethinking Standpoint Epistemology: What is ›Strong Objectivity‹?«, in: Linda Alcoff und Elizabeth Potter (Hg.), *Feminist Epistemologies*, New York, Routledge, 1993.

7 Susan M. Okin, *Women and Western Political Thought*, Princeton, Princeton University Press, 1978; Carole Pateman, *The Sexual Contract*, Stanford, Stanford University Press, 1988.

8 Die Unterscheidung zwischen dem anderen und dem Anderen ist wichtig, um zu verstehen, was gewöhnlich unter Weiblichkeit verstanden wird. In den folgenden Kapiteln gehen wir darauf näher ein.

9 Siehe zum Beispiel Abbie Goldberg, Julianna Smith und Maureen Perry-Jenkins, »The Division of Labor in Lesbian, Gay, and Heterosexual New Adoptive Parents«, in: *Journal of Marriage and Family*, Bd. 74, Nr. 4, 2012, S. 812-828.

10 Uma Narayan, »Minds of their Own: Choices, Autonomy, Cultural Practices, and Other Women«, in: Louise Antony und Charlotte Witt, *A Mind of One's Own*, Boulder, Westview, 1993, 2. Aufl. 2002, S. 418-432.

11 »*Se dominer*« (sich beherrschen) wird zur Bezeichnung des Akts gebraucht, Herr seiner selbst zu sein oder zu werden, doch dieser Gebrauch trägt in das Verb »*dominer*« (beherrschen) nicht dieselbe Art von Mehrdeutigkeit wie der transitive und pronominale Gebrauch von »*soumettre*« (unterwerfen), insofern die gegenüber der Machtbeziehung eingenommene Perspektive sich nicht ändert.

12 Für das Deutsche gilt dasselbe: jemanden unterwerfen und sich unterwerfen, Anm. d. Übers.

13 Die Beherrschung durch Autorität ist, das sei noch einmal gesagt, nur im Rahmen eines nicht aktiven Gebrauchs des Begriffs zu verstehen.

14 Das soll nicht als Zeichen dafür angesehen werden, dass ich denke, dass das Problem der weiblichen Unterwerfung nicht mittels der zeitgenössischen feministischen Philosophie behandelt werden kann. Es bedeutet nur, dass ich eine eingehende Lektüre Beauvoirs als einen guten Weg ansehe, dieses Problem zu analysieren.

15 Gallimard, der französische Verlag von *Das andere Geschlecht*, ist bekannt dafür, die Verkaufszahlen seiner Bücher nicht preiszugeben. Dennoch ist *Das andere Geschlecht* aller Wahrscheinlichkeit nach das meistverkaufte Philosophie-Buch des 20. Jahrhunderts: in nur wenigen Wochen wurden 22 000 Exemplare verkauft; über eine Million Exemplare allein in Frankreich; es wurde weltweit in über vierzig Sprachen übersetzt.

16 Einige rühmliche Ausnahmen bilden Sonia Kruks, *Simone de Beauvoir and the Politics of Ambiguity*, New York, Oxford University Press, 2012; Nancy Bauer, *How To Do Things with Pornography*. Cambridge, MA, Harvard University Press, und Lori Marso, *Politics with Beauvoir: Freedom in the Encounter*, Durham, Duke University Press, 2017.

17 Die Vorstellung, dass Beauvoir eine Philosophin ist und nicht nur

eine Romanautorin, ein kurioses Relikt des Feminismus und Sartres Freundin, ist weit davon entfernt, allgemeine Akzeptanz zu finden. Vorliegendes Buch zielte in seiner französischen Version so auch darauf ab, die französischen Leser davon zu überzeugen, dass Beauvoir eine Philosophin ist und dass die Unlust, sie als solche zu betrachten, ein Ausdruck des Sexismus der institutionellen Philosophie ist.

2. *Weibliche Unterwerfung, eine Tautologie?*

1 Siehe zum Beispiel Paula Caplan, *The Myth of Women's Masochism*, New York, Dutton, 1985.

2 Diese Ausführungen zur Psychopathologie des Masochismus verdanken viel den Analysen von Julie Mazaleigue-Labaste in »Préface. Le ›maudit problème du masochisme‹«, in: Sigmund Freud, *Du masochisme*, a.a.O., S. 7-45.

3 »Gleichzeitig mit diesem Verdrängungsvorgang erscheint ein Schuldbewußtsein, auch dieses unbekannter Herkunft, aber ganz unzweifelhaft an jene Inzestwünsche geknüpft und durch deren Fortdauer im Unbewußten gerechtfertigt.« Sigmund Freud, »Ein Kind wird geschlagen«, a.a.O., S. 208.

4 Ebd., S. 223.

5 Sigmund Freud, »Das ökonomische Problem des Masochismus«, a.a.O., S. 373.

6 Dieses Versäumnis – das darin besteht, davon abzusehen zu erklären, worin genau das Mysteriöse des Masochismus besteht – rechtfertigt er kurz mit einem ökonomischen Prinzip: So schreibt er zur Schmerzlust, dass »deren Erklärung nicht ohne weit rückgreifende Erwägungen gelingt«. Ebd., S. 375.

7 Ebd., S. 378.

8 Zürcher Bibel, Brief an die Epheser, 5,21-33.

9 Koran, Sure 4:34. Die zitierte deutsche Übersetzung stammt von Rudi Paret. – Manon Garcia zitiert die französische Übersetzung von Muhammad Hamidullah: »Les hommes ont autorité sur les femmes, en raison des faveurs qu'Allah accorde à ceux-là sur celles-ci, et aussi à cause des dépenses qu'ils font de leurs biens. Les femmes vertueuses sont obéissantes (à leurs maris), et protègent ce qui doit être protégé, pendant l'absence de leurs époux, avec la protection d'Allah. Et quant à celles dont vous craignez la désobéissance, exhortez-les, éloignez-vous d'elles dans leurs lits et frappez-les. Si elles arrivent à vous obéir, alors ne cherchez plus de voie

contre elles, car Allah est certes, Haut et Grand.« Hierzu schreibt sie in der Anmerkung: »In der Übersetzung von Kasimirski wird der Begriff der Unterwerfung zur Kennzeichnung des Verhaltens tugendhafter Frauen verwendet (›les femmes vertueuses sont obéissantes et soumises; elles conservent soigneusement pendant l'absence de leurs maris ce que Dieu a ordonné de conserver intact‹). Nur André Chouraqui übersetzt diese Passage der Sure signifikant anders: ›Les vertueuses adorent, et gardent le mystère de ce qu'Allah garde‹.«

10 Zu den Problemen, die eine patriarchale Lektüre des Koran aufwirft, sei auf Asma Barlas verwiesen, *Believing Women in Islam. Unreading Patriarchal Interpretations of the Quran*, Austin, University of Texas Press, 2002.

11 Jean-Jacques Rousseau, *Emil oder Über die Erziehung*, Fünftes Buch, übers. von Ludwig Schmidts, Paderborn u. a., Ferdinand Schöningh, 1995, S. 393-394 und 399-400.

12 Catharine MacKinnon, *Toward a Feminist Theory of the State*, Cambridge, Harvard University Press, 1989, S. 219.

13 Catharine MacKinnon, »Sexuality, Pornography, and Method: Pleassure under Patriarchy«, in: *Ethics*, Bd. 99, Nr. 2, Januar 1989, S. 314-346.

14 »Als normales Sexualziel gilt die Vereinigung der Genitalien in dem als Begattung bezeichneten Akte, der zur Lösung der sexuellen Spannung und zum zeitweiligen Erlöschen des Sexualtriebes führt (Befriedigung analog der Sättigung beim Hunger).« Sigmund Freud, »Die sexuellen Abirrungen«, in: *Gesammelte* Werke, Bd. 5, S. Fischer Verlag, Frankfurt am Main, 4. Aufl. 1968, S. 48-49.

15 Catharine MacKinnon, »Sexuality, Pornography, and Method: Pleasure under Patriarchy«, a.a.O., S. 315.

16 Ebd., S. 333-334.

17 Ebd., S. 318-319.

18 Catharine MacKinnon, *Toward a Feminist Theory of the State*, a.a.O., S. 113-114.

19 »Im radikalen Feminismus werden das Dasein der Geschlechter und die entsprechende Definition der Frauen als eine Gruppe bis hin zur Ebene des Somatischen als sozial begriffen.« Ebd., S. 46.

20 »On the first day that matters, dominance was achieved, probably by force.« Catharine MacKinnon, *Feminism Unmodified. Discourses on Life and Law*, Cambridge, Harvard University Press, 1987, S. 40.

21 Gemäß MacKinnon hat ihre Theorie, die sie als »the dominance approach« bezeichnet, die Aufgabe, den Unzulänglichkeiten der egalitären Theorie der Differenz abzuhelfen. Ihr zufolge stellen der Ver-

weis der Frauen auf sehr schlecht bezahlte Arbeiten, die enorme Verbreitung der Vergewaltigung, die häusliche Gewalt, die Prostitution und Pornographie eine Form von Missbrauch dar, dem die Frauen als Frauen ausgesetzt sind und den der egalitäre Ansatz der sexuellen Differenz auf der juristischen Ebene nicht zu thematisieren vermag. Insofern diese Missbräuche tatsächlich fast ausschließlich Frauen betreffen, stellen sie im Namen der Gleichheit mit den Männern kein Problem dar. Der Ansatz in den Begriffen der Dominanz erlaubt hingegen, für diese Probleme auf der juristischen Ebene einen systematischen Ansatz zu begründen, wie vor allem das zweitausendseitige Handbuch zeigt: *Sex Equality*, University Casebook Series, Saint Paul, Fondation Press, 3. Aufl. 2016.

22 Meines Wissens begründet MacKinnon diese Wahl nirgendwo.

23 Sie sind in dem nichtreflexiven Sinne des Verbs »unterwerfen« unterworfen, wie die Kriegsgefangenen, von denen Hobbes spricht, die keine andere Wahl mehr haben als den absoluten Gehorsam oder den Tod.

3. *Was ist eine Frau?*

1 »Eigentlich hatte ich Lust, von mir selbst zu erzählen. Mir gefiel *Mannesalter* von Leiris. Ich hatte eine Vorliebe für die Märtyrer-Essays, in denen man sich vorbehaltlos preisgibt. Ich begann davon zu träumen, mir Notizen zu machen und sprach mit Sartre darüber. Ich überlegte mir, daß die erste Frage lauten müßte: Was hat es für mich bedeutet, eine Frau zu sein? Anfänglich hatte ich geglaubt, schnell damit fertig zu werden. Ich hatte nie an Minderwertigkeitskomplexen gelitten, niemand hatte zu mir gesagt: ›Sie denken so, weil sie eine Frau sind...‹ Daß ich eine Frau bin, hat mich in keiner Weise behindert. ›Für mich‹, sagte ich zu Sartre, ›hat das sozusagen keine Rolle gespielt.‹ – ›Trotzdem sind sie nicht so erzogen worden wie ein Junge: Das muß man genau untersuchen.‹ Ich untersuchte es genauer und machte eine Entdeckung: Diese Welt ist eine Männerwelt, meine Jugend wurde mit Mythen gespeist, die von Männern erfunden worden waren, und ich hatte keineswegs so darauf reagiert, als wenn ich ein Junge gewesen wäre. Mein Interesse war so groß, daß ich den Plan einer persönlichen Beichte fallenließ, um mich mit der Lage der Frauen im allgemeinen zu befassen. Ich nahm mir vor, in der Bibliothèque Nationale die entsprechende Literatur zu lesen und die Mythen des weiblichen Geschlechts zu untersu-

chen.« Simone de Beauvoir, *Der Lauf der Dinge*, Reinbek bei Hamburg, Rowohlt Taschenbuch Verlag 1970, S. 97f.

2 Für Näheres siehe zum Beispiel Alison Stone, »Essentialism and Anti-Essentialism in Feminist Philosophy«, in: *Journal of Moral Philosophy*, Nr. 1.2, 2004, S. 135-153.

3 Simone de Beauvoir, *Das andere Geschlecht*, übers. von Uli Aumüller und Grete Osterwald, Reinbek bei Hamburg, Rowohlt Taschenbuch Verlag, 21. Aufl. 2020, S. 9.

4 Ebd., S. 10.

5 Ebd.

6 »Seltsam« bzw. »bizarre« ist die deutsche bzw. französische Übersetzung von *queer*, das einst ein abwertender Ausdruck zur Bezeichnung dieser Personen war, den sie sich dann angeeignet haben, um daraus eine positive Beschreibung ihrer Identität zu machen.

7 Gerade weil Beauvoir vor der Unterscheidung zwischen Sex und Gender geschrieben hat und weil die Einführung dieser Unterscheidung den Gehalt der Beauvoir'schen Ausführungen verunklart, werden wir in diesem Kapitel den Begriff »Gender« so weit wie möglich vermeiden, was nicht heißen soll, dass der Geschlechtsunterschied nicht biologisch begründet wäre.

8 Simone de Beauvoir, *Das andere Geschlecht*, a.a.O., S. 10.

9 Judith Butler, »Sex and Gender in Simone de Beauvoir's *Second Sex*«, in: *Yale French Studies*, Bd. 72, 1986, S. 35-49.

10 Simone de Beauvoir, *Das andere Geschlecht*, a.a.O., S. 334.

11 »Das Gleichgewicht der produktiven und reproduktiven Kräfte verwirklicht sich unter den verschiedenen wirtschaftlichen Bedingungen der Menschheitsgeschichte auf verschiedene Weisen, und diese bestimmen auch das Verhältnis von Mann und Frau zu ihren Kindern und folglich zueinander. Aber damit verlassen wir den Bereich der Biologie: unter dem rein biologischen Gesichtspunkt könnte man keinen Vorrang eines der Geschlechter in Bezug auf seine Rolle bei der Arterhaltung feststellen.

Eine Gesellschaft ist schließlich keine Spezies: in ihr verwirklicht sich die Spezies als Existenz; sie transzendiert sich auf die Welt und auf die Zukunft hin. Ihre Sitten leiten sich nicht aus der Biologie ab. Die Individuen sind nie ihrer Natur überlassen, sie gehorchen jener zweiten Natur, der Sitte, in der sich die Wünsche und Ängste spiegeln, die ihre ontologische Einstellung ausdrücken. Nicht als bloßer Körper, sondern als Körper, der Tabus und Gesetzen unterworfen ist, wird sich das Subjekt seiner selbst bewußt, erfüllt es sich: es bewertet sich selbst nach einem bestimmten Wertesystem.

Und es ist nicht die Physiologie, die Werte begründen könnte: vielmehr nehmen die biologischen Gegebenheiten die Werte an, die der Existierende ihnen gibt.« Ebd., S. 61.

12 »Es gibt biologisch wesentliche Gegebenheiten, die nicht ihrer gelebten Situation angehören: die Struktur der Eizelle etwa schlägt sich nicht darin nieder, während ein biologisch eher unbedeutendes Organ wie die Klitoris eine äußerst wichtige Rolle spielt. Nicht die Natur definiert die Frau: sie definiert sich selbst, indem sie die Natur in ihr Gefühlsleben einbezieht.« Ebd., S. 62-63.

13 Siehe für eine präzise Analyse des sozialen Konstruktivismus Sally Haslanger, »Ontology and Social Construction«, in: *Philosophical Topics*, Bd. 23, Nr. 2, Herbst 1995, S. 95-125.

14 Simone de Beauvoir, *Das andere Geschlecht*, a.a.O., S. 20-21.

15 »Welche Einheit finden wir in diesen verschiedenen Aspekten der Unaufrichtigkeit? Sie ist eine gewisse Kunst, widersprüchliche Begriffe zu bilden, das heißt solche, die eine Idee und die Negation dieser Idee in sich vereinigen. Der so erzeugte Basisbegriff benutzt die doppelte Eigenschaft des menschlichen Seins, eine *Faktizität* und eine *Transzendenz* zu sein. Diese beiden Aspekte der menschlichen Realität sind durchaus koordinierbar und müssen es sein. Aber die Unaufrichtigkeit will sie weder koordinieren noch in einer Synthese übersteigen. Ihr geht es darum, unter Wahrung ihrer Unterschiede ihre Identität zu behaupten. Die Faktizität muß behauptet werden als die Transzendenz *seiend*, und die Transzendenz als die Faktizität *seiend*, so daß man in dem Augenblick, da man die eine erfaßt, plötzlich der anderen konfrontiert sein kann.« Jean-Paul Sartre, *Das Sein und das Nichts. Versuch einer phänomenologischen Ontologie*, hrsg. von T. König, übers. von Hans Schönberg und Traugott König, in: Jean-Paul Sartre, *Gesammelte Werke in Einzelausgaben*, in Zusammenarbeit mit dem Autor und Arlette El Kaim-Sartre, hg. von Traugott König, *Philosophische Schriften*, Bd. 3, Rowohlt Taschenbuch Verlag, Reinbek bei Hamburg, 1993, S. 134-135.

16 Simone de Beauvoir, *In den besten Jahren*, 1960, übers. von Rolf Soellner, Reinbek bei Hamburg, Rowohlt Verlag, 1961, S. 373. Es ist interessant zu sehen, wie bei Beauvoir selbst das Denken der Unterwerfung untrennbar mit dem orientalischen Klischee des Harems verbunden ist.

17 »Aber mein Leben war kein Spiel mehr. Ich kannte meine Wurzeln, ich gab nicht mehr vor, meiner Situation zu entkommen. Ich versuchte, sie auf mich zu nehmen. Von nun an wog die Realität voll. Zeitweilig fiel es mir schwer, mich damit abzufinden.« Ebd., S. 512.

18 Beauvoir bezieht hier, wenn auch implizit, eine entschiedene Gegenposition zu dem asozialen Begriff der Freiheit, den Sartre in *Das Sein und das Nichts* entwickelt. So schreibt sie: »Der Negersklave des 18. Jahrhunderts, die in einem Harem eingesperrte Mohammedanerin verfügen über keine Möglichkeit, sich gegen die sie unterdrückende Kultur zu wenden, und sei es auch nur in Gedanken, im Staunen oder im Zorn.« Simone de Beauvoir, *Für eine Moral der Doppelsinnigkeit*, in: *Soll man de Sade verbrennen. Drei Essays zur Moral des Existentialismus*, übers. von Alfred Zeller, München, Szczesny Verlag, 1964, S. 113.

19 Simone de Beauvoir, *In den besten Jahren*, a.a.O., S. 402-403.

20 Im Original auf Deutsch (Anm. d. Übers.).

21 Martin Heidegger, *Sein und Zeit*, 1927, Tübingen, Max Niemeyer Verlag, 11. Aufl. 1967, § 4, S. 12.

22 Ebd., S. 86.

23 »Das Man hat selbst eigene Weisen zu sein.« Ebd., S. 127.

24 Simone de Beauvoir, *Das andere Geschlecht*, a.a.O., S. 10.

25 Ebd.

26 Zum Beispiel schreibt Beauvoir am Schluss des zweiten Buchs: »Der Grund des Übels ist keine individuelle Perversion – die Unaufrichtigkeit beginnt erst dort, wo jeder dem anderen die Schuld zuweist –, sondern eine Situation, gegen die das Verhalten des einzelnen machtlos ist.« Ebd., S. 891.

27 Ebd., S. 11.

28 Ebd., S. 10.

29 Die Angaben zum Seitenumfang beziehen sich beim ersten wie auch beim zweiten Buch auf die französische Ausgabe. Bei der von mir verwendeten deutschen Ausgabe sind beide Bücher in einem Band zusammengefasst, wobei das erste Buch über 300 Seiten umfasst und das zweite etwa 550 (Anm. d. Übers.).

30 Simone de Beauvoir, *Das andere Geschlecht*, a.a.O., S. 333.

4. *Die nicht zu fassende Unterwerfung*

1 Wir beziehen uns hier mit Gewinn auf Kristie Dotson, »How is this Paper Philosophy?«, in: *Comparative Philosophy*, Bd. 3, Nr. 1, 2012, S. 3-29.

2 Friedrich Nietzsche, *Sämtliche Werke. Kritische Studienausgabe in 15 Bänden*, hg. von Giorgio Colli und Mazzino Montinari, Bd. 3:

Die Fröhliche Wissenschaft, München u.a., Deutscher Taschenbuch Verlag/de Gruyter, 1980, § 355, S. 594-595.

3 Für eine eingehende Analyse des Problems, das das Gewöhnliche für die Philosophie darstellt, verweisen wir auf die Arbeiten der Philosophin Sandra Laugier.

4 Siehe Simone de Beauvoir, *In den besten Jahren*, a.a.O.

5 James C. Scott, *Domination and the Art of Resistance. Hidden Transcripts*, New Haven, Yale University Press, 1990, S. 18.

6 Michel Foucault, *In Verteidigung der Gesellschaft. Vorlesungen am Collège de France 1975/1976*, 1997, übers. von Michaela Ott, Frankfurt am Main, Suhrkamp Verlag, 2002.

7 Jane Austen, *Die Abtei von Northanger*, übers. von Margarete Rauchenberger, Berlin, Insel Verlag, 2013, S. 49-50.

8 Man kann hier vor allem auf die von Georges Duby und Michelle Perrot herausgegebene, bei Éditions du Seuil erschienene *Histoire des femmes en Occident* (dt.: *Geschichte der Frauen*, Campus) von der Antike bis heute verweisen.

9 Natürlich kann man sich in einer solchen Position der hierarchischen Unterlegenheit befinden, ohne sich deshalb zu unterwerfen. Arbeiten von Anthropologen und Soziologen zu diesem Thema zeigen, dass der Widerstand gegen die Herrschaft weit eher unterschätzt als überschätzt wird, da die Herrschaft von den Herrschenden untersucht wird, die mehr ihre Erfolge als ihre Niederlagen sehen. Standardwerke in diesem Bereich sind die Arbeiten von James C. Scott, vor allem *Domination and the Art of Resistance. Hidden Transcripts*, a.a.O.

10 Gayatri Chakravorty Spivak, *Can the Subalterns Speak? Postkolonialität und subalterne Artikulation*, übers. von Alexander Joskowicz und Stefan Nowotny. Mit einer Einleitung von Hito Steyerl, Wien, Verlag Turia + Kant, 2008.

11 Michel Foucault und Gilles Deleuze, »Les intellectuels et le pouvoir«, in: *L'Arc*, Nr. 49: *Gilles Deleuze*, 2. Trimester 1972, S. 3-10; dt.: »Die Intellektuellen und die Macht«, übers. von Hans-Dieter Gondek, in: Michel Foucault, *Schriften in vier Bänden. Dits et Ecrits*, Bd. 2, hg. von Daniel Defert und François Ewald unter Mitarbeit von Jacques Lagrange, Frankfurt am Main, Suhrkamp Verlag, 2002, S. 382-393.

12 Ebd., S. 385-386.

13 Gayatri Chakravorty Spivak, *Can the Subalterns Speak?*, a.a.O., S. 21-22.

14 Ein Teil der Überlegungen Spivaks erstreckt sich in diesem wie auch

in anderen Texten auf den Unterschied zwischen Unterdrückten und Subalternen, ein Begriff, den sie Gramsci entlehnt. In einem Interview von 1992 erklärt sie: »subaltern is not just a classy word for ›oppressed‹, for [the] Other, for somebody who's not getting a piece of the pie. In post-colonial terms, everything that has limited or no access to the cultural imperialism is subaltern – a space of difference. Now, who would say that's just the oppressed? The working class is oppressed. It's not subaltern.« Leon de Kock, »Interview with Gayatri Chakravorty Spivak: New Nation Writers Conference in South Africa«, in: *ARIEL: A Review of International English Literature*, Nr. 23, Bd. 3, 1992, S. 29-47.

15 Gayatri Chakravorty Spivak, *Can the Subalterns Speak?*, a.a.O., S. 75.

16 Ebd.

5. *Die Erfahrung der Unterwerfung*

1 Simone de Beauvoir, *Das andere Geschlecht*, a.a.O., S. 24.

2 Simone de Beauvoir, *Der Lauf der Dinge*, a.a.O., S. 187.

3 Simone de Beauvoir, *Das andere Geschlecht*, a.a.O., S. 664.

4 Siehe zum Beispiel: Sonia Kruks, *Situation and Human Existence: Freedom, Subjectivity, and Society*, London, Unwin Hyman, 1990, S. 111; Karen Vintges, *Philosophy as Passion: The Thinking of Simone de Beauvoir*, Bloomington, Indiana University Press, 1996, Kap. IX, S. 136-159; Sara Heinämaa, *Toward a Phenomenology of Sexual Difference. Husserl, Merleau-Ponty, Beauvoir*, Lanham, Rowman and Littlefield, 2003, S. xiii.

5 Simone de Beauvoir, *In den besten Jahren*, a.a.O., S. 137.

6 Edmund Husserl, *Gesammelte* Werke, Bd. VI: *Die Krisis der europäischen Wissenschaften und die transzendentale Phänomenologie*, hg. von Walter Biemel, Den Haag, Martinus Nijhoff, 1954, § 55, S. 192.

7 Simone de Beauvoir, *Das andere Geschlecht*, a.a.O., S. 26.

8 Ebd., S. 333.

9 »Erst dann können wir begreifen, welche Probleme sich denen stellen, die sich, belastet mit dem Erbe einer schweren Vergangenheit, um die Gestaltung einer neuen Zukunft bemühen.« Ebd.

10 Zit. n. Simone de Beauvoir in: *Der Lauf der Dinge*, a.a.O., S. 185.

11 »Vor allem im zweiten Buch profitierte ich von dem Interesse, das wir, Sartre und ich, den Menschen entgegenbrachten. Mein Gedächtnis lieferte mir reichliches Material.« Ebd., S. 184.

12 Das heißt, sie lehnt es ab, die Perspektive dessen einzunehmen, was Husserl das »transzendentale Ego« nennt.

13 Siehe zum Beispiel *Das andere Geschlecht*, a.a.O., S. 516-518.

14 So arbeitet sie im ersten Buch die Notwendigkeit eines dritten Wegs zwischen dem Individualismus und dem strukturellen Ansatz heraus, wenn sie schreibt: »Es gibt einen existentiellen Unterbau, der sowohl die individuellen Dramen wie die Wirtschaftsgeschichte der Menschheit umfaßt und der allein es ermöglicht, diese einzigartige Form – ein Leben – als Ganzes zu verstehen.« Ebd., S. 85.

15 Siehe zu der Frage der Umkehr der Perspektive und der damit verbundenen methodologischen Probleme Kapitel 1.

16 Das geht, ohne das Problem in den epistemologischen Begriffen *top-down* und *bottom-up* zu formulieren, die Beauvoir fremd waren.

17 Bruno Frère und Sébastien Laoureux (Hg.), *La Phénoménologie à l'usage des sciences humaines*, Brüssel, Peter Lang, 2013, S. 9.

18 Simone de Beauvoir, *Das andere Geschlecht*, a.a.O., S. 26.

19 Ebd., S. 566.

20 Der Begriff der Intersektionalität war ursprünglich als eine Metapher gedacht, die im Kontext des Rechts verwendet wurde, um Probleme der Antidiskriminierungsgesetze zu beheben. Die amerikanische Rechtstheoretikerin Kimberlé Crenshaw entwickelte diesen Begriff zur Bekämpfung der Tatsache, dass die Antidiskriminierungsgesetze so beschaffen waren, dass schwarze Frauen bei der Einreichung einer Beschwerde entscheiden mussten, ob sie als Frau oder als Schwarze diskriminiert wurden, wodurch die Realität der speziellen Diskriminierung, der sie als schwarze Frau ausgesetzt sind, verschleiert wird. Dieser Begriff wurde dann in einem weiteren Sinne verwendet, um den Zusammenhang zwischen den verschiedenen Systemen der Unterdrückung zu denken.

21 Judith Okely, *Simone de Beauvoir: A Re-Reading*, London, Virago, 1986.

22 Zur rassistischen und klassizistischen Dimension dieser Hypothese bei den Feministinnen der 1950er bis 1970er Jahre verweisen wir auf die Arbeiten der Philosophin bell hooks, und zwar vor allem auf *Feminist Theory: from margin to center*, Boston, South End Press, 1984.

23 Zum Erscheinen des *Deuxième Sexe* siehe Toril Moi, *Simone de Beauvoir. Conflits d'une intellectuelle*, frz. Übers. von Guillemette Belleteste, Paris, Diderot éditeurs, 1995, und Ingrid Galster (Hg.), *Le Deuxième Sexe de Simone de Beauvoir*, Paris, Presses de l'université Paris-Sorbonne, coll. »Mémoire de la critique«, 2004.

6. Die Unterwerfung ist eine Entfremdung

1 »Zwischen der Situation der Frauen und der der Schwarzen gibt es tiefgreifende Analogien: die einen wie die anderen emanzipieren sich heute von derselben Bevormundung, und die bisherige Herrenkaste will sie dort festhalten, ›wo sie hingehören‹, d.h. auf dem Platz, den sie ihnen zugedacht hat. In beiden Fällen ergeht sie sich in mehr oder weniger aufrichtigen Elogen über die Tugenden des ›guten Schwarzen‹ mit der naiven, kindlichen, heiteren Seele, des Schwarzen, der sich in sein Schicksal ergeben hat, und der ›wirklich weiblichen Frau‹, d.h. Der frivolen, kindischen und verantwortungslosen, die sich dem Mann unterordnet.« Simone de Beauvoir, *Das andere Geschlecht*, a.a.O., S. 20.

2 Siehe hierzu Kathryn Gines, »Comparative and Competing Frameworks of Oppression in Simone de Beauvoir's *The Second Sex*«, in: *Graduate Faculty Philosophy Journal*, Bd. 35, Nr. 1, 2014, S. 251-273.

3 6. Juli 1940: »Ich war in der Nationalbibliothek. Ich habe eine Karte gelöst und angefangen, Hegels *Phänomenologie des Geistes* zu lesen. Zunächst verstand ich so gut wie nichts. Ich habe beschlossen, jeden Tag von zwei bis fünf Uhr Hegel zu studieren; es gibt keine beruhigendere Beschäftigung.« Simone de Beauvoir, *In den besten Jahren*, a.a.O., S. 391.

4 Simone de Beauvoir, *Das andere Geschlecht*, a.a.O., S. 13-14.

5 Zu dieser Behauptung gibt es jedoch eine Ausnahme: Gemäß Beauvoir offenbart die Tyrannei, die die Frau zuweilen über ihren Mann ausübt, die Dialektik von Herr und Knecht, weil der Mann aufgrund der Unterdrückung, die er ausübt, unterdrückt wird: »Die Dialektik von Herr und Knecht findet hier ihre konkreteste Anwendung: indem man unterdrückt, wird man unterdrückt. Durch ihre eigene Souveränität werden die Männer gefesselt. Weil sie allein Geld verdienen, verlangen die Ehefrauen Schecks, weil sie allein einen Beruf ausüben, zwingen die Frauen sie zum Erfolg, weil sie allein die Transzendenz verkörpern, wollen die Frauen sie darum berauben, indem sie sich die Entwürfe, die Erfolge der Männer zu eigen machen. Umgekehrt bringt die Tyrannei, die von den Frauen ausgeübt wird, nur deren Abhängigkeit zum Ausdruck: [...] Wenn sie sich seinem Willen unbedingt zu unterwerfen sucht, so weil sie in ihm entfremdet ist«. Ebd., S. 610.

6 »Der Herr wird im Kampf auf Leben und Tod um ›Anerkennung‹ (*anerkennen*) geboren. Die beiden Gegner setzen sich ein seiner Na-

tur nach menschliches, nicht tierisches, nicht biologisches Ziel: das, in ihrem Dasein und ihrer Würde als Mensch ›anerkannt‹ zu werden. Doch der künftige Herr hält die Prüfung des Kampfs und des Risikos in Gang, während es dem künftigen Knecht nicht gelingt, seine (animalische) Furcht zu bezwingen. Er gibt somit nach, anerkennt sich als besiegt, anerkennt die Überlegenheit des Siegers und unterwirft sich ihm wie ein Knecht seinem Herrn.« Alexandre Kojève, *La Notion de l'autorité*, Paris, Gallimard, 2004, S. 70-71.

7 Simone de Beauvoir, *Das andere Geschlecht*, a.a.O., S. 14.

8 Beauvoir macht die Grundlage dieser Unterordnung in der Belastung aus, die die Mutterschaft und die bis ins 20. Jahrhundert bestehende Unmöglichkeit, sie zu kontrollieren, darstellen.

9 »Durch die Arbeit und allein durch die Arbeit verwirklicht sich also der Mensch als Mensch.« Alexandre Kojève, *Hegel. Kommentar zur Phänomenologie des Geistes. Anhang Hegel, Marx und das Christentum*, hg. von Iring Fetscher, übers. von Iring Fetscher, Gerhard Lehmbruch und Traugott König, Frankfurt am Main, Suhrkamp Verlag, 1975, S. 42.

10 Simone de Beauvoir, *Das andere Geschlecht*, a.a.O., S. 555-556.

11 Siehe hierzu Eva Lundgren-Gothlin, *Sexe et existence. La philosophie de Simone de Beauvoir*, Paris, Michalon, 2001, S. 50ff.

12 Simone de Beauvoir, *Das andere Geschlecht*, a.a.O., S. 13.

13 »Aber die Frauen sind keine Minderheit wie die Schwarzen in Amerika oder die Juden: es gibt ebenso viele Frauen wie Männer auf der Erde. Oft waren die beiden vorhandenen Gruppen zunächst unabhängig: Sie wussten nichts voneinander, oder jede ließ die Autonomie der anderen zu; erst ein historisches Ereignis hat die schwächere der stärkeren untergeordnet: die jüdische Diaspora, die Einführung der Sklaverei in Amerika, die kolonialen Eroberungen sind datierbare Fakten. Hier hat es für die Unterdrückten ein *Vorher* gegeben.« Ebd., S. 14.

14 Auch wenn Kathryn Gines zu Recht zeigt, dass der Vergleich mit den Schwarzen, Juden und Proletariern auf der impliziten Negation der Möglichkeit multipler Identitäten beruht, sieht man hier, dass der Beauvoir gemachte Vorwurf, nicht an die Möglichkeit von Frauen zu denken, die nicht weiß und bürgerlich sind, den Beauvoir'schen Ansatz nicht angemessen reflektiert.

15 Simone de Beauvoir, *Das andere Geschlecht*, a.a.O., S. 15-16.

16 Nancy Bauer, »Being-with as being-against: Heidegger meets Hegel in *The Second Sex*«, in: *Continental Philosophy Review*, Bd. 34, 2001, S. 132.

17 Simone de Beauvoir, *Das andere Geschlecht*, a.a.O., S. 13.
18 Ebd., S. 194.
19 Catharine MacKinnon, »Feminism, Marxism, Method and the State: An Agenda for Theory«, in: *Signs*, Bd. 7, Nr. 3, 1982, S. 537-538.
20 Simone de Beauvoir, *Das andere Geschlecht*, a.a.O., S. 25-26.

7. Der Objekt-Körper der unterwürfigen Frau

1 Simone de Beauvoir, *Das andere Geschlecht*, a.a.O., S. 9.
2 Siehe hierzu die bemerkenswerten Analysen von Nancy Bauer in *Simone de Beauvoir, Philosophy, and Feminism*, New York, Columbia University Press, 2001, 2. Kapitel.
3 »Wenn *ich* mich definieren will, muß ich zuerst einmal klarstellen: ›Ich bin eine Frau‹. Diese Wahrheit ist der Hintergrund, von dem sich jede weitere Behauptung abheben wird.« Simone de Beauvoir, *Das andere Geschlecht*, a.a.O., S. 11.
4 Ebd., S. 56.
5 Ebd., S. 62.
6 »Der Mann [hat] ein Sexualleben, das im Normalfall in seine individuelle Existenz integriert ist: im Begehren, im Koitus verschmilzt sein Sich-Überschreiten auf die Art hin mit dem subjektiven Moment seiner Transzendenz: er *ist* sein Körper.« Ebd., S. 50.
7 Ebd., S. 51.
8 Ebd., S. 54.
9 Ebd., S. 56
10 Ebd., S. 55.
11 Ebd., S. 54.
12 Ebd., S. 53. Beauvoir macht hierzu eine Anmerkung, in der sie Merleau-Ponty zitiert: »Ich bin also mein Körper, zumindest in dem Maße, wie ich ihn erfahren habe, und umgekehrt ist mein Körper gleichsam ein natürliches Subjekt, eine provisorische Skizze meines gesamten Seins.«
13 Charlene H. Seigfried, »Second Sex: Second Thoughts«, in: Azizah Y. al-Hibri und Margaret Simons (Hg.), *Hypathia Reborn: Essays in Feminist Philosophy*, Bloomington, Indiana University Press, 1990, S. 305-322; Catriona Mackenzie, »Simone de Beauvoir: Philosophy and/or the Female Body«, in: Carole Pateman und Elizabeth Grosz (Hg.), *Feminist Challenges: Social and Political Theory*, Sydney, Allen and Unwin, 1986, S. 144-156.

14 Simone de Beauvoir, *Das andere Geschlecht*, a.a.O., S. 61.
15 Ebd., S. 62.
16 Ebd., S. 893.
17 »Die Erfahrung der Phänomene [...] ist vielmehr Aufhellung und Auslegung des vorwissenschaftlichen Bewußtseinslebens, die den Operationen der Wissenschaft erst ihren vollen Sinn verleiht und auf die eben diese Operationen beständig zurückverweisen.« Maurice Merleau-Ponty, *Phänomenologie der Wahrnehmung*, a.a.O., S. 82f.
18 Simone de Beauvoir, *Das andere Geschlecht*, a.a.O., S. 59.
19 Ebd., S. 62.
20 Ebd., S. 57.
21 Ebd., S. 55.
22 Für die Analyse der Entfremdung in *Das andere Geschlecht* und ihre Rolle in Beauvoirs Philosophie des Körpers beziehen wir uns auf Toril Moi, *Simone de Beauvoir. Conflits d'une intellectuelle*, a.a.O., S. 239-284, Kapitel VI: »L'ambiguïté des femmes: l'aliénation et le corps dans *Le Deuxième sexe*«.
23 Simone de Beauvoir, *Das andere Geschlecht*, a.a.O., S. 629.
24 Ebd., S. 53.
25 Ebd., S. 41, 53, 395, 428.
26 Ebd., S. 56, 478, 485, 488.
27 Ebd., S. 87, 347-348, 364, 369, 395, 401.
28 Jean-Paul Sartre, *Das Sein und das Nichts*, a.a.O., S. 405.
29 Ebd., S. 430.
30 Ebd., S. 466.
31 Ebd., S. 463-464.
32 Ebd., S. 538.
33 Ich stütze mich hier auf zwei Analysen der Sartre'schen Philosophie: Renaud Barbaras, »Le corps et la chair dans la troisième partie de *L'Être et le Néant*«, in: Jean-Marc Mouillie (Hg.), *Sartre et la phénoménologie*, ENS Éditions, 2000, S. 279-296; Kim Sang Ong-Van-Cung, »Le corps et l'expérience d'autrui. Un aspect du problème de la négation dans *L'Être et le Néant*«, in: Jean-Marc Mouillie und Jean-Philippe Narboux (Hg.), *Sartre.* L'Être et le Néant. *Nouvelles lectures*, Paris, Les Belles Lettres, 2015, S. 115-136.
34 »Entweder ist es Ding unter den Dingen, oder aber es ist das, wodurch sich mir die Dinge entdecken. Aber beides gleichzeitig kann es nicht sein.« Jean-Paul Sartre, *Das Sein und das Nichts*, a.a.O., S. 540.
35 »Dieses Objekt existiert für uns nur als abstraktes Anzeigen: es ist

das, was mir alles anzeigt und was ich grundsätzlich nicht erfassen kann, weil es das ist, was ich *bin.*« Ebd., S. 563.

36 »Alles, was ich erlebt habe [wird] als mein Gesichtspunkt der Welt gegenüber durch die Welt selbst angezeigt.« Ebd., S. 580.

37 Ebd., S. 623.

38 Ebd., S. 638.

39 Auf den ersten Seiten des Kapitels über die Mythen bestätigt Beauvoir die Stichhaltigkeit der Vorstellung von einem Konflikt der Bewusstseine erneut, formuliert sie aber in strikt hegelianischen Begriffen. Ihr zufolge versuchen die Männer der Gefahr dieses Konflikts zu entgehen, indem sie die Frau zu einem Anderen machen: »Die Frau setzt dem Mann weder das feindselige Schweigen der Natur noch den rigorosen Anspruch einer wechselseitigen Anerkennung entgegen. Aufgrund eines einzigartigen Vorzugs ist sie ein Bewußtsein, und dennoch scheint es möglich, sie in ihrem Fleische zu besitzen. Dank ihr gibt es einen Weg, der unerbittlichen Dialektik von Herr und Knecht zu entgehen, die ihren Ursprung in der Wechselseitigkeit der Freiheiten hat.« Simone de Beauvoir, *Das andere Geschlecht*, a.a.O., S. 192.

40 Ebd., S. 192-193.

41 Ebd., S. 191-192.

42 Ebd., S. 378.

43 Ebd., S. 379.

44 Ebd.

45 Zu denken ist beispielsweise an Fiona Vera-Gray, die sich zur Interpretation ihrer empirischen Untersuchung über die ersten Erfahrungen junger Mädchen mit Belästigungen auf der Straße der Beauvoir'schen Analysen bedient: Fiona Vera-Gray, *Men's Intrusion, Women's Embodiment. A Critical Analysis of Street Harassment*, London, Routledge, 2016.

46 Simone de Beauvoir, *Das andere Geschlecht*, a.a.O., S. 437.

8. Wonne oder Unterdrückung: die Doppeldeutigkeit der Unterwerfung

1 Simone de Beauvoir, *Das andere Geschlecht*, a.a.O., S. 369.

2 Ebd., S. 669.

3 Ebd.

4 Ebd., S. 672.

5 Ebd., S. 675.

6 Simone de Beauvoir, *In den besten Jahren*, a.a.O., S. 72.
7 Simone de Beauvoir, *Memoiren einer Tochter aus gutem* Hause, übers. von Eva Rechel-Mertens, Reinbek bei Hamburg, Rowohlt Verlag, 1968, S. 329-330.
8 Ebd., S. 325.
9 »Ich hielt mich jedoch nicht für einen Philosophen; ich wußte sehr wohl, daß die Mühelosigkeit, mit der ich in einen Text eindrang, auf meinen Mangel an produktiver Phantasie zurückging. [...] Wenn ich im Gespräch mit Sartre seine Geduld und seine Kühnheit ermaß, schien es mir berauschend, der Philosophie zu leben; aber nur, wenn man von einer eigenen Idee besessen ist. [...] Bei der Lektüre eines Werkes von Fink fragte ich mich: Wie kann man sich nur damit abfinden, irgend jemandes Schüler zu sein? Später habe ich mich selbst zeitweilig mit dieser Rolle begnügt. Damals aber hatte ich zu große geistige Ambitionen, um mich damit zufriedenzugeben. Ich wollte mitteilen, was an meiner Erfahrung original war. Ich wußte, das konnte nur gelingen, wenn ich mich der Literatur zuwandte.« Simone de Beauvoir, *In den besten Jahren*, a.a.O., S. 189-190.
10 Wir beziehen uns mit Gewinn auf die spannenden Analysen von Margaret Simons in »Beauvoir, Philosophy, and Autobiography«, in: *A Companion to Simone de Beauvoir*, hg. von Laura Hengehold und Nancy Bauer, Hoboken, John Wiley & Sons, 2017, S. 391-405.
11 Simone de Beauvoir, *Das andere Geschlecht*, a.a.O., S. 799.
12 Ebd., S. 800.
13 Ebd., S. 815.
14 Ebd., S. 800.
15 Ebd., S. 813.
16 Ebd., S. 815.
17 Ebd., S. 819.
18 Simone de Beauvoir, *Die Mandarins von Paris*, übers. von Ruth Ücker-Lutz und Fritz Monfort, Reinbek bei Hamburg, Rowohlt Verlag, 1965, S. 60.
19 Ebd., S. 110-111.
20 Ebd., S. 111.
21 Ebd., S. 524.
22 Simone de Beauvoir, *Pour une morale de l'ambiguité*, Paris, Gallimard, 1947, S. 34.
23 Simone de Beauvoir, *Das andere Geschlecht*, a.a.O., S. 461.
24 Ebd., S. 781.
25 Ebd., S. 551.

26 Ebd., S. 433.
27 Ebd., S. 361.
28 Ebd., S. 17.

9. *Freiheit und Unterwerfung*

1 Simone de Beauvoir, *Das andere Geschlecht*, a.a.O., S. 25.
2 »Die Philosophie Sartres beruht, was sein Imaginäres anbelangt, auf seiner gesellschaftlichen Erfahrung eines Mannes, eines Europäers und eines Meisters der Philosophie, die insgesamt eine zweideutige Herrschaftserfahrung ist.« Michèle Le Doeuff, *L'Étude et le Rouet*, Bd. 1: »Des femmes, de la philosophie, etc.«, Paris, Le Seuil, 1989, S. 90.
3 »Diese Phänomenologie begründet eine ontologische Hierarchie: auf ihrer Grundlage kann man die Frau mit dem An-sich gleichsetzen und den Mann mit dem Für-sich, definitiv und in alle Ewigkeit. Die aus diesen Elaboraten abgeleiteten männlichen und weiblichen Rollen setzen die Frau somit außerhalb des Subjekts an, sie, die bereits zum Objekt geworden ist, als das Objekt der Erkenntnis (oder vielmehr »das Ding«) mit dem »glatten, weißen und auf Hochglanz polierten Körper der Frau« gleichgesetzt wurde.« Ebd., S. 97.
4 »Im existentialistischen System ist *keinerlei Unterdrückung* denkbar, weder die der Frauen noch irgendeine andere. Hingegen drückt sich darin eine erschreckende Beziehung der Männer zu den Körpern der Frauen aus und begründet eine ontologisch-fleischliche Hierarchie zwischen dem Männlichen und dem Weiblichen.« Ebd., S. 74.
5 Simone de Beauvoir, *Das andere Geschlecht*, a.a.O., S. 25.
6 Ebd.
7 Amartya Sen, *Repenser l'inégalité*, 1992, frz. Übers. Paul Chemla, Paris, Le Seuil, 2000, S. 85.
8 Sen hatte den Gedanken des Widerspruchs zwischen der Wohlfahrtsökonomie und der Sozialen Gerechtigkeit bereits entfaltet in Amartya Sen, »The Impossibility of a Paretian Liberal«, in: *Journal of Political Economy*, Bd. 78, Nr. 1, 1970, S. 152-157.
9 Simone de Beauvoir, *L'Existentialisme et la sagesse des nations*, Paris, Nagel, 1948, Neuaufl. Gallimard, 2008, S. 29.
10 Simone de Beauvoir, *Für eine Moral der Doppelsinnigkeit*, a.a.O., S. 111ff.
11 »Bezeichnend für die Situation des Kindes ist, daß es sich in eine

Welt geworfen sieht, die zu begründen es nicht beigetragen hat, die ohne sein Zutun geformt wurde und in seinen Augen etwas Absolutes ist, dem es sich nur unterordnen kann.« Ebd., S. 111.

12 Hier macht Beauvoir Ausführungen über die Sklaverei, die im heutigen Licht problematisch erscheinen, insofern sie einerseits jegliche Agentivität der Sklaven negiert, sie mit Kindern vergleicht und sie gleichzeitig als sich »gehorsam« der Herrschaft der Plantagenbesitzer fügend darstellt (ebd., S. 112).

13 Ebd., S. 113-114.

14 Ebd., S. 121.

15 Zum Beispiel: »Die meisten Frauen bestehen auf ihrem Frausein und empfinden es gleichzeitig als hassenswert. Sie leben es mit gemischten Gefühlen.« Simone de Beauvoir, *Das andere Geschlecht*, a.a.O., S. 656.

16 Ebd., S. 59.

17 Ebd., S. 896.

18 Sonia Kruks zeigt in ihrem letzten Buch überzeugend, dass Beauvoir eine Philosophin ist, die unumgänglich ist, wenn man verstehen will, was das Privileg der Herrschenden ist. Siehe *Simone de Beauvoir and the Politics of Ambiguity*, New York, Oxford University Press, 2012, Kap. 3, »Confronting Privilege«, S. 93-123.

19 Simone de Beauvoir, *Das andere Geschlecht*, a.a.O., S. 890.

20 Ebd., S. 898.

21 Ebd., S. 900.

22 Ebd., S. 599.

Schluss. Und jetzt?

1 Es ist wichtig zu wissen, dass die amerikanischen Universitäten Normen für die sexuelle Einwilligung nicht aus dem Wunsch heraus erlassen, ihre Studenten zu moralisieren, sondern weil sie durch das Bundesgesetz nach dem so genannten *Title IX* dazu verpflichtet sind, einem Bundesgesetz von 1972, das jegliche Diskriminierung aufgrund des Geschlechts in staatlich geförderten Bildungsprogrammen verbietet.

Sozialphilosophie im Suhrkamp Verlag
Eine Auswahl

Judith Butler
- Anmerkungen zu einer performativen Theorie der Versammlung. stw 2258. 312 Seiten
- Die Macht der Geschlechternormen und die Grenzen des Menschlichen. stw 1989. 414 Seiten
- Die Macht der Gewaltlosigkeit. Über das Ethische im Politischen. Gebunden. 250 Seiten

John Dewey
- Sozialphilosophie. Vorlesungen in China 1919/20. stw 2232. 259 Seiten

Rainer Forst
- Kritik der Rechtfertigungsverhältnisse. Perspektiven einer kritischen Theorie der Politik. stw 1962. 240 Seiten
- Normativität und Macht. Zur Analyse sozialer Rechtfertigungsordnungen. stw 2132. 254 Seiten
- Die noumenale Republik. Kritischer Konstruktivismus nach Kant. stw 2363. 360 Seiten

Sally Haslanger
- Der Wirklichkeit widerstehen. Soziale Konstruktion und Sozialkritik. stw 2174. 283 Seiten

Axel Honneth
- Anerkennung. Eine europäische Ideengeschichte. Gebunden. 238 Seiten
- Die Armut unserer Freiheit. Aufsätze 2012-2019. stw 2313. 350 Seiten
- Die Idee des Sozialismus. Versuch einer Aktualisierung. Erweiterte Ausgabe. stw 2224. 199 Seiten

NF 123/1/11.21

Rahel Jaeggi

- Entfremdung. Zur Aktualität eines sozialphilosophischen Problems. Mit einem neuen Nachwort. stw 2185. 337 Seiten
- (zus. mit Nancy Fraser) Kapitalismus. Ein Gespräch über kritische Theorie. Herausgegeben von Brian Milstein. Aus dem Amerikanischen von Jürgen Schröder. stw 2307. 329 Seiten
- Kritik von Lebensformen. stw 1987. 451 Seiten

Zhao Tingyang

- Alles unter dem Himmel. Vergangenheit und Zukunft der Weltordnung. stw 2282. 266 Seiten

NF 123/2/11.21

50 Jahre suhrkamp taschenbuch wissenschaft 1973-2023 Das Jubiläumsprogramm

Aleida Assmann. Im Dickicht der Zeichen. stw 2429. 360 Seiten

Judith Butler. Die Macht der Geschlechternormen und die Grenzen des Menschlichen. Übersetzt von Karin Wördemann und Martin Stempfhuber. stw 2422. 414 Seiten

Esther Duflo. Kampf gegen die Armut. Übersetzt von Andrea Hemminger. stw 2428. 182 Seiten

Philippa Foot. Die Natur des Guten. Übersetzt von Michael Reuter. stw 2421. 162 Seiten

Eva Illouz. Gefühle in Zeiten des Kapitalismus. Übersetzt von Martin Hartmann. stw 2423. 170 Seiten

Rahel Jaeggi. Kritik von Lebensformen. stw 2424. 451 Seiten

Karin Knorr Cetina. Die Fabrikation von Erkenntnis. Zur Anthropologie der Wissenschaft. Mit einem Vorwort von Rom Harré. stw 2427. 372 Seiten

Martina Löw. Raumsoziologie. stw 2425. 320 Seiten

Beate Rössler. Autonomie. Ein Versuch über das gelungene Leben. stw 2426. 443 Seiten

Lucie Varga. Zeitenwende. Mentalitätshistorische Studien 1936-1939. Herausgegeben, übersetzt und eingeleitet von Peter Schöttler. stw 2430. 247 Seiten

NF 185/1/1.23